湖北省高校人文社会科学重点研究基地鄂西生态文化旅游研
湖北民族大学省属高校优势特色学科群应用经济学学科建设

经济管理学术文库·经济类

受教育水平对
中国居民创业倾向的影响研究

A Study of the Influence of Educational Levels on Chinese
Entrepreneurship Probabilities

刘正华／著

经济管理出版社
ECONOMY & MANAGEMENT PUBLISHING HOUSE

图书在版编目（CIP）数据

受教育水平对中国居民创业倾向的影响研究/刘正华著.—北京：经济管理出版社，2020.1

ISBN 978-7-5096-7016-3

Ⅰ.①受…　Ⅱ.①刘…　Ⅲ.①文化水平—影响—创业—研究—中国　Ⅳ.①F241.4

中国版本图书馆 CIP 数据核字（2020）第 022030 号

组稿编辑：杨国强
责任编辑：杨国强　张瑞军
责任印制：黄章平
责任校对：王纪慧

出版发行：经济管理出版社
　　　　　（北京市海淀区北蜂窝 8 号中雅大厦 A 座 11 层　100038）
网　　　址：www.E-mp.com.cn
电　　　话：（010）51915602
印　　　刷：三河市延风印装有限公司
经　　　销：新华书店
开　　　本：720mm×1000mm/16
印　　　张：11.5
字　　　数：201 千字
版　　　次：2020 年 5 月第 1 版　　2020 年 5 月第 1 次印刷
书　　　号：ISBN 978-7-5096-7016-3
定　　　价：88.00 元

前　言

创业不仅给经济增长提供动力，还是解决发展中国家普遍存在的就业问题的重要渠道（De Soto，2000；De Mel et al.，2008）。自1999年高校扩招以来，大学毕业生"就业难"是我国就业问题严峻的一个重要方面，且愈演愈烈。在此局面下，创业对于解决大学生的就业问题尤为重要。然而，大学生的创业现状并不理想。在上述背景下，基于"通过比较创业的潜在收益与机会成本的相对大小来决定是否创业"的经济学理论，本书主要研究了受教育水平对创业倾向的影响。与以往的文献相比，本书主要做了如下工作：

首先，本书采用CHNS数据，考察了受教育水平对中国居民创业倾向的影响。本书的研究得到了与以往研究迥然不同的结论，即受教育水平对中国居民创业倾向的影响呈"倒U型"特征：当受教育水平少于8年时，受教育年数的提高会使创业倾向上升；当受教育水平超过8年时，受教育年数的进一步提高则会使创业倾向下降；拥有8年左右受教育年数的个体，即初中学历个体创业倾向最大。

其次，本书考察了受教育水平对中国居民老板型创业倾向和自雇型创业倾向的影响。老板型创业是指存在雇员的创业，自雇型创业是指无雇员的创业。相比自雇型创业，老板型创业更富有创新精神。目前，尚未有文献专门将中国居民的创业分为老板型创业和自雇型创业，并详细讨论受教育水平对中国居民这两类创业倾向的影响。本书的基本回归和稳健性检验的结果均表明，受教育水平对中国居民老板型创业倾向、自雇型创业倾向的影响呈"倒U型"特征：当受教育水平少于9年时，受教育年数的提高会使中国居民老板型创业、自雇型创业的可能性上升；当受教育年数超过9年时，受教育年数的进一步提高则会使中国居民老板型创业、自雇型创业的可能性下降；拥有9年左右受教育年数的个体，即初中学历个体进行老板型创业、自雇型创业的可能性最大。

再次，本书还考察了在CHNS数据所涉及的9个不同省份，受教育水平对创业倾向的影响是否存在地区差异。实证结果发现，受教育水平对创业倾向的影响是存在着地区差异的。

最后，本书考察了受教育水平对自雇型创业个体创业收入、老板型创业个体创业收入的影响。本书发现，受教育程度对自雇型创业者的创业收入、老板型创业个体的创业收入没有显著影响。

在方法论上，本书不仅采用了理论研究与实证研究相结合的方法，还在书中进行了以下的计量处理，主要内容包括：①对于受教育水平对创业倾向影响的时间效应，本书采用了年度虚拟变量与受教育年数的交乘项、年度虚拟变量与受教育年数平方的交乘项作为核心解释变量。②在考察受教育水平对中国居民创业倾向的影响时，为了控制不可观测的能力所带来的内生性问题，本书采用了个人收入作为能力的代理变量。③本书在采用了固定效应分析方法考察了受教育程度对自雇型创业个体创业收入的影响时，采用了年度虚拟变量与受教育年数的交乘项、年度虚拟变量与受教育年数平方的交乘项作为核心解释变量。之所以进行这样的计量处理，是在个体受教育年数一般不发生变化的情况下，为了避免固定效应分析方法对大量样本的删除。

本书的研究不仅对大学生群体的创业方向有重要的借鉴意义，还为国家鼓励大学生创业提供了有针对性的政策建议。本书的结论表明，目前，国内的创业主要集中于传统服务业；相对于小学学历个体、初高中学历个体，大学生群体在传统服务业内创业并不能获得更高的创业收入，因而这一群体在传统服务业内并不具有创业比较优势；相反，大学生群体在高端技术型领域内具有创业比较优势。在高端技术型领域，大学生群体创业的潜在收益很可能超过其机会成本，大学生群体才更有可能创业。因此，大学生群体应该在高端技术型领域进行创业。国家也应该着重支持大学生群体在高端技术型领域进行创业。本书的研究还对教育改革有重要的借鉴意义。为了让更多的大学生创业，国家应该在大学生的课程中设置更多的"偏实践和应用"，将一部分理论研究型大学转型为应用技术型大学。

目　录

1 引 言

1.1 问题的提出

1.1.1 选题背景

创业者是创造性的破坏者，富有创新精神的创业者会努力发现、创造并捕捉市场机会，这些创新创业活动是现代经济增长的根本动力（Schupeter，1942；Thurik，2009）。通过知识创新促进传统产业的改造和新兴产业的出现，进而创造新的市场需求和新的就业岗位，通过产业升级促进经济增长。除了提高经济增长的质量和效益，创业还会促进就业，降低失业（Thurik et al.，2008）。经验表明，一个人创业尤其是创业一年以上，可以带动 3~5 人以上就业；1969~1976 年，美国新创办的企业创造了 81.5% 的就业机会（朱明芬，2010）。

在我国，创业活动在改革开放及经济发展方面发挥了重要作用。目前，中国中小企业总数已占到了全国企业总数的 99% 以上，创造的最终产品和服务价值约为国内生产总值的 60%，它们在繁荣经济、推动创新、扩大出口、增加就业等方面发挥了重要作用。占全国企业总数 99% 的中小企业提供了全国 80% 的城镇就业岗位，上缴的税款约为国家税收总额的 50%。这充分表明，没有量大面广的中小企业的平稳、较快发展，就没有整个国民经济的平稳、较快发展。此外，中国 65% 的发明专利、75% 以上的企业技术创新、80% 以上的新产品开发，都是由中小企业完成的，以中小企业为代表的非公有制经济在中国经济社会发展中的地位和作用不断增强（朱宏任，2010）[①]。总结起来，我国改革开放后有三次创业浪潮，这三次创业浪潮伴随着越来越多的个体、私营企业出现，这些企业成为社会经济的重要组成部分，它们对于促进我国经济的发展、提供就业、转变经济发展方式、鼓励创新、优化经济结构等方面有重要作用。随着中国经济的发展，创业活动越来越活跃，创业给中国社会带来的影响越来越大。

中华民族是一个非常重视教育的民族，"万般皆下品，惟有读书高"的古训激励着数以亿计的中国青年努力提高自身的受教育水平。旺盛的教育需求成为我国高等教育规模迅速扩张的重要原因。与此同时，1999 年教育部出台的《面向 21 世纪教育振兴行动计划》则释放了我国存在的旺盛的教育需求。文件提出到 2011 年，高等教育毛入学率将达到适龄青年的 15%。此后高等教育的规模发生了历史性变化，在短短的 10 年间，大学招生规模迅速扩大，"大众化教育"取代了精英教育。各年的高校毕业生人数均创历史新高。2001~2013 年各年全国高校毕业生人数分别是 115 万人、145 万人、212 万人、280 万人、338 万人、413 万人、495 万人、559 万人、611 万人、631 万人、660 万人、680 万人、699 万人。数据表明扩招近 10 年来，大学毕业生人数逐年增多，毕业生总量 13 年翻了 6 倍多，与之相伴随的问题是高校毕业生的就业严峻紧张局面。2001~2011 年，各年全国高校毕业生未就业人数分别是 34 万人、37 万人、52 万人、69 万人、93 万人、116 万人、144 万人、168 万人、79 万人、164 万人、143 万人。吴要武、赵泉（2010）研究发现，扩招后入学的本科毕业生失业率上升了 5.11 个百分点。邢春冰、李实（2011）发现，高校扩招后新毕业的本科生失业率增长了 4.6 个百分点。当前高校毕业生就业形势复杂严峻，高校毕业生的就业问题已经成为我国社会就业问题中的主要矛盾。促进高校毕业生就业是全社会就业工作的重要内容。党的

[①] 该段数据来自中国工业和信息化部总工程师朱宏任 2010 年 9 月 26 日在西安举行的"2010 中国（陕西）非公有制经济发展论坛"上的讲话。

十七大指出："完善支持自主创业、自谋职业政策，加强就业观念教育，使更多劳动者成为创业者。"2014 年全国高校毕业生规模达 727 万人，为了让更多的大学毕业生顺利就业，2014 年 4 月 30 日，国务院总理李克强主持召开国务院常务会议时强调，要把高校毕业生就业放在今年就业工作的突出位置，发挥市场作用，着力改革创新，优化就业创业环境，力争使高校毕业生就业、创业比例双提高。根据国家人保部官网的消息，国家将在落实好原有政策的基础上，推出新措施，其中重要的一条是，启动实施"大学生创业引领计划"，落实和完善创业扶持政策，帮助更多高校毕业生自主创业。目前，各地政府本门、高校、机构等都在扎实推进鼓励大学生创业的政策。而与此形成鲜明对比的是，现实中的大学生创业情况并不理想。据麦可思公司调查，我国 2007 届高校毕业生中选择自主创业的仅占 1.2%。2007 年，上海有大学毕业生 14.3 万人，创业人数为 318 人，仅占 0.22%；2007 年，北京有大学毕业生 19.4 万，创业人数为 140 人，仅占 0.07%；我国 2008 届大学毕业生实际创业仅有 1%（张苏，2010）。

国家政策对大学生创业活动的大力支持与现实社会中大学生并不理想的创业现状这一强大反差，使得进行受教育水平对中国居民创业影响这一研究很有价值和现实意义。与此同时，在学术上，创业和受教育水平的关系还远未受到关注，更没有复杂的计量模型对此作出实证分析（Poschke et al.，2013），且受教育水平对创业的影响还未有定论（Nadia Simoes et al.，2013；Brown et al.，2011a）。这说明，从实证角度探讨受教育水平对中国居民创业倾向的影响也很有必要。因此，本书着重研究受教育水平对中国居民创业倾向的影响。在研究上述问题时，以前文献大多就事论事进行研究，而忽视了上述问题所处的外部经济环境和政策环境。但这并非说明外部经济环境和政策环境不重要。恰恰相反，在不同的外部经济环境和不同的政策环境下，受教育水平对创业倾向的影响是不一样的。有鉴于此，本书特地选择了 1999 年后，我国短缺经济消失这一大的外部经济环境及 1999 年后，非公有制经济与公有制经济在宪法层面上获得了同等重要地位这一大的政策环境下，来考察受教育水平对中国居民创业倾向的影响。

既然谈到受教育水平对中国居民创业倾向的影响，我们就不得不考虑创业的异质性问题。很多学者在进行创业的研究时，没有对创业进行分类。然而，我们知道，不同的创业无论是在创业精神、规模上，还是在持续时间上，都存在较大的差异，即存在创业的异质性；不仅如此，创业是异质性极高的活动①。既然是这样，就需要对样本进行提炼及细分。例如区分技术型和非技术型创业、生存型和机会型创业，甚至对同一创业的不同阶段也有必要进行区分。分析和比较不同类型的创业是得出更具解释力结论的关键。Bates（1995）也认为，如果将不同类型的创业进行加总来考察受教育水平对创业倾向的影响，就很可能得到不正确的结论。因此，要研究受教育水平对创业倾向的影响这一问题，就无法脱离创业的异质性。鉴于以上初探，本书在将创业分为老板型创业与自雇型创业的基础上，分别研究了受教育水平对这两类创业倾向的影响。

1.1.2 研究意义

本书主要比较不同受教育水平对中国居民创业倾向的影响，比较受教育水平对老板型创业倾向、自雇型创业倾向的影响。不管是何种类型的创业，本书的研究结论都认为，大学生的创业倾向都较低。针对大学生创业倾向较低的情况，本书认为，大学生应该发挥比较优势，在高端技术型领域进行创业。同时，国家应该在大学生的课程中设置更多的"偏实践和应用"，将一部分理论研究型大学转型为应用技术型大学。本书的研究意义主要体现在以下三个方面：

第一，对短缺经济消失情况下受教育程度对中国居民创业倾向影响的研究。自20世纪90年代中后期以来，中国经济逐渐告别短缺状态，大多数行业从卖方市场步入买方市场，市场竞争日趋激烈，创业的市场风险变大。短缺经济是创业的黄金阶段。在短缺经济阶段，市场机会很多，个体只要具有胆量，创业就能成功，此时，个体受教育水平的高低作用很有限；但是，当短缺经济消失，市场竞争越来越充分的时候，个体捕捉市场机会、筹集资金、开拓市

---

① 中国创业活动透视报告：中国新生创业活动动态跟踪调研（CPSED）报告（2009-2011年）[R]. 2012.

场、评估项目等的能力就非常重要，教育对创业的作用开始凸显。外部经济环境是创业者创业的关键因素①。探讨受教育水平对中国居民创业倾向的影响时，目前还没有学者专门选择短缺经济消失、市场竞争越来越充分这一经济背景下来进行该问题的研究。所以，本书选择短缺经济消失后（即 2000 年后）的数据进行实证分析，所得到的结论就更具有针对性和解释力。

　　第二，对 1999 年宪法修正案后，在非公有制经济的存在和发展得到了更加有力保障的情况下，受教育水平对中国居民创业倾向影响的研究。长期以来，我国非公有制经济都处于"补充"地位，具有为公有制经济"查漏补缺"的作用，非公有制经济在法律上和公有制经济的地位是不一样的。所以，相比于公有制经济，它们面临不利的发展环境。这限制了个体经济、私营经济的发展，进而限制了创业。但是，1999 年的宪法修正案对宪法第十一条作出了重要修改，规定"在法律规定范围内的个体经济、私营经济等非公有制经济，是社会主义市场经济的重要组成部分"，"国家保护个体经济、私营经济的合法的权利和利益"。至此，个体和私营经济从社会主义经济的"补充"地位上升到"重要组成部分"，非公有制经济在法律上享有和公有制经济同等的地位。1999 年宪法修正案使得创业的政策风险变小。非公有制经济法律地位的确立，为私有经济的发展提供了渐为宽松的制度环境，越来越多的人利用扩展了的市场机会来获得社会经济方面的流动，使中国的非公有制经济尤其是个体私营经济迅速发展。外部政策环境是创业者创业的关键因素②。在探讨受教育水平对中国居民创业倾向的影响时，目前还没有学者专门选择 1999 年宪法修正案后，个体经济有了一个更加有利的政策环境这一背景下来进行该问题的研究。本书选择 1999 年后的数据，突出了在有利的政策环境下研究受教育水平对中国居民创业倾向的影响，所得到的结论也更加具有针对性和实用性。

　　第三，将创业区分为老板型创业与自雇型创业，分别考察不同受教育水平对这两类创业可能性的影响。创业存在异质性，对于不同类型的创业，受教育水平的影响很可能不同。因此，对样本进行提炼细分是研究受教育水平对创业

　　①② 中国创业活动透视报告：中国新生创业活动动态跟踪调研（CPSED）报告（2009-2011 年）〔R〕. 2012.

影响的前提。在研究受教育水平对中国居民创业的影响时，国内仅有阮荣平（2014）从老板型创业与自雇型创业的这一角度研究受教育水平对这两类创业倾向的影响，但他没有详细地探讨老板型创业与自雇型创业的区别，也没有深入、细致地考察受教育程度对老板型创业倾向、自雇型创业倾向的影响机制。本书在详细考察老板型创业与自雇型创业两者区别的基础上，分别考察了受教育水平对这两类创业倾向的影响，所得到的结论更加具体，也更有指导意义。考察不同受教育水平对老板型创业、自雇型创业可能性影响的研究填补了国内学者在这一问题上的研究缺陷。

从理论上而言，因为受教育水平与企业家才能的重要内容——商业技能密切相关，所以，受教育水平在某种程度上是企业家才能与人力资本水平的反映。

Paulson 和 Townsend（2004）发现，受教育水平与企业家才能之间存在非常强的相关关系，人力资本的提升能够非常有效地促进创业可能性和提高创业绩效。但在我国，受教育程度对老板型创业个体创业收入、自雇型创业个体创业收入有什么影响？目前国内还没有学者进行这一问题的探讨。因此，本书在这方面的研究是一次有开拓性的尝试。

1.2　文献综述

1.2.1　创业与就业的关系

Knight（1921）在《风险、不确定性与利润》中所提出来的相对收入理论成为创业和就业关系的理论渊源，他认为，个人会在失业、自雇和受雇这三种状态之间作出选择，其选择的标准就是上述三种状态的相对收入的比较。这一观点启发了 Oxenfeldt（1943），他把创业和失业联系在一起，认为，当个人面临失业，并对受雇就业感到前景黯淡的时候，就会把创业作为可靠的选择。在此基础上，学者们提出了萧条时期的推动效应假说和企业家的拉动效应假说来解释创业和就业之间的关系。萧条时期的推动效应，即"难民效应"，是指当经济萧条、就业率下降时，个人会觉得很难寻求到一份有薪水的工作；这时候，自我雇佣变得相对有吸引力，创业的人数就会增多，导致失业人数减少。企业家的拉动效应，也被称为"熊彼特效应"或者"企业家效应"，是指那些具有经营才能和商业头脑的创业者通过创办企业，不仅雇佣了自己，而且也雇佣了他人，从而拉动了就业。

借鉴创业具有的两种效应——"难民效应"和"企业家效应"的思路，相关学者进行了创业与就业关系的研究。董志强、魏下海（2012）等利用广东省 21 个地区 1991~2007 年面板数据，使用 VAR 分析方法，对自雇创业率与失业率所产生的难民效应和企业家效应进行了探究，其分析结果支持创业可降低失业的企业家效应假说，并不支持高失业率会影响自雇创业率的难民效应。Shaffer（2006）证实了在美国，创业不仅可以促进本部门的就业，而且创业也可以带来其他部门就业数量的增长。

A. Roy Thurik 等（2008）认为，高失业率可能会提升个人的创业水平（难民效应），但更多的创业行为会减少失业（企业家效应），他们发现，企业家效应显然要强于难民效应。

Blanchflower（2000）认为，自我雇佣是失业者和在劳动市场中饱受歧视的寻找工作的人的安全出口。全球创业观察（GEM）中关于创业活动对经济影响的研究表明，创业活动对经济的影响主要体现在新兴企业为社会提供新的就业机会等方面。但是，付宏（2009）的结论恰恰相反，他利用中国 1991~2006 年自我雇佣人数和失业人数的数据，运用回归分析，发现我国的创业活动和就业增长之间存在难民效应，不存在企业家效应。

一些学者不仅得到创业与就业具有正相关的关系，还发现在不同的国家，创业对增加就业的效果不同。卢亮、邓汉慧（2014）认为，创业对就业有积极的正向促进作用，创业每提高 1 个百分点，就业会相应地增加 0.11~0.22 个百分点，但是，Stefan（2000）对瑞典的研究显示，创业每提高 1 个百分点，就业会相应地增加 0.5~0.57 个百分点。董志强、魏下海（2012）的研究也表明，中国广东地区创业对失业的累积效应为-0.93%，即在设定的研究范围内，广东的创业上升 1 个百分点，只能降低失业 0.93 个百分点。Thurik（2008）

的研究显示，23 个 OECD 国家创业对失业的累积效应为 1.29%，因此，和外国的创业促进就业的比例相比，我国创业促进就业的比例略微低了一些。2011年底，我国个体就业人数占总就业人数的比例约为 10.4%，城镇个体就业人数占城镇就业总人数的比例为 14.6%。但是，2011 年欧盟 27 个国家的自雇就业人数占总就业人数的比例已达到 15.1%，其中有 13 个国家超过了欧盟的平均水平，特别是希腊（31.0%）、意大利（23.4%）、保加利亚（20.5%）和罗马尼亚（20.0%）。这说明，在促进就业方面，我国的创业活动还有改善的可能性。

还有的学者认为，创业与就业的正相关关系以一定的条件为前提。

1.2.2 创业与创新的关系

Blanchflower（2000）认为，自我雇佣将鼓励发明和创新。谭远发等（2013）发现，创新与创业之间的关系非常密切，以创新为导向的创业活动的意义体现在它更能促进经济增长。

1.2.3 受教育水平对创业倾向的影响

研究受教育水平对创业影响的文章较多，但这些文献大多以发达国家为研究对象，而且其研究结论也大相径庭；通过对现有文献的梳理，我们发现现有文献关于受教育水平对创业的影响有如下六种观点：

第一种观点认为受教育水平对创业有正的影响（Rees and Shah，1986；Wu，2002；Zhang et al.，2006；Mohapatra et al.，2007；Zissimopoulos et al.，2009；Dawson et al.，2013）。Michael J. Pisani 和 Jose A. Pagan（2004）使用1993 年及 1998 年尼加拉瓜（Nicaraguan）的生活标准衡量调查得到的数据，分析了尼加拉瓜男性和女性对自我雇佣的愿望。结果发现，无论是男性还是女性，在 1993 年和 1998 年，受教育年数都与自我雇佣的选择正相关。Borjas 和Bronars（1989）基于 1980 年从美国人口普查得到的 1/100 B 样本为数据，将受教育年限分为 4 个组：受教育年数少于 12 年，受教育年数等于 12 年，受教育年数在 13~15 年，受教育年数大于 15 年。以受教育年数在 13~15 年的人口为参照组，Borjas 和 Bronars（1989）发现，对于男性白人，大学教育对自我雇佣有正的影响。Evans 和 Leighton（1989）应用 1981 年 NLS 调查中的 2045 个人的面板数据，认为受教育水平越高，自我雇佣的可能性越大。Schultz（1980）通过对美国农业的研究，发现教育提高了农民创业的能力。教育对农民创业的影响有两个方面：一个是提升了农民的工作技能；另一个是提高了处理经济中一系列变化导致的不均衡的企业家能力。通过这两个途径，教育增加了农民的创业能力。Zissimopoulos 等（2009）使用 1992～2000 年 HRS（Household Registration System）面板数据，采用多元 Logit 回归，结果发现，受教育水平与转入自我雇佣的可能性呈正相关，对于男性尤其如此。Vinogradov 和 Kolvereid（2007）基于 2004 年 Norway 统计的多个外来移民的数据，采用分层多元回归分析对教育与自我雇佣之间的关系进行研究。在这项研究中，外来移民中自我雇佣与受教育水平之间的正向关系的假设得到了强烈的支持。从受教育水平比较高的国家到来的外来移民，他们能够更有效地学习语言、正式规则和新的业务程序，从而更有可能开办自己的小企业，从事自我雇佣。另外，受教育程度更高的外来移民会得到本国居民更多的信任，这对在民族外的生意活动尤其重要。Borjas（1986）基于 1970 年 1/100 美国人口普查得到的公共使用样本和 1980 年 A 美国人口普查得到的样本为数据，使用 Logit 模型，研究发现，教育在某种程度上增加了个人评估市场的必要技能，增加了个人了解消费者所需商品种类的技能，所以，受教育水平与自我雇佣二者之间可能存在正相关的关系。Borjas（1989）使用从美国 1980 年人口普查得到的 1/100 B 样本为数据，采用 Probit 模型，回归结果显示，教育程度越高的个人越有可能成为自我雇佣者。Blanchflower（1991）利用美国人口普查局调查得到的 1983～1986 年美国收入与项目参与 SIPP（U. S Survey of Income and Program Participation）数据，利用 Probit 模型，得到了在美国，额外一年的学校教育增加自我雇佣可能性的结论。

Fafchamps 和 Quisumbing（2003）在考察研究了巴基斯坦农村地区之后得出的结论之一是，受教育更多的家庭成员更易成为市场竞争的一员——创业者。Peter B. Robinson（1994）研究发现，教育对自我雇佣有显著的正向影响。每增加一年教育，则自我雇佣的可能性增加 0.8%。也有研究发现，受教育水平低的种族的创业水平低（Portes and Bach，1985；Portes and Rumbaut，1990；

Sanchez，1993；Waters and Eschbach，1995）。Budig（2006）采用 NSLY（the National Longitudinal Survey of Youth）1979～1998 年的数据，使用离散时间—事件历史模型，研究分析了美国青年向自我雇佣转变的问题，得出了教育对向专业自我雇佣转变有正的影响的结论。Richard Arum 和 Water Mueller（2004）应用从各国政府得到的面板数据，采用 Logit 模型，得到如下结论：接受了高等教育的个人创业的可能性是仅接受初等教育个人创业可能性的 2.7 倍。高等教育很可能使其自己对创业更有偏好，接受了高等教育的个人很可能对其创业成功更有信心；因为这两个原因，使得接受高等教育的个人更加倾向于创业。Zulema Valdeaz（2002）采用序数 Logit 模型对 1990 年的 CENSAS 数据和 1992 年的 CBOD 数据进行分析，研究发现，在韩国，教育通常并不能增加创业可能性，但获得了大学文凭的韩国人除外，他们更有可能创业。Andrew M. Gill（1988）使用 US 1978 年年轻男性的 NLS 样本，采用 Probit 回归，研究发现，更多的教育使得人们更多地选择自我雇佣而不是成为工薪阶层。Robert W. Fairlie 和 Bruce D. Meyer（1996）利用 Probit 模型，通过对 1990 年美国人口普查资料的分析，在控制了个人特征后的回归中，得到了受教育水平越高，自我雇佣可能性越大的结论。Evans 和 Leighton（1989）应用 NLS（the National Longitudinal Survey）1966～1981 年的数据和 1968～1987 年的人口调查数据，采用 Probit 模型，研究结果表明，即使当我们控制了专业化职业后的个人后，教育水平越高的个人从事自我雇佣的可能性越高。William F. Maloney（1999）基于 NUES（the National Urban Employment Survey）数据，采用多元 Logit 模型，研究结果显示，当教育水平上升时，工人不可能因为创业而辞去正式工作，受过良好教育的工人更有可能进入正式部门工作。朱明芬（2010）利用 2008 年得到的浙江杭州农民的横截面数据，采用二值 Logit 模型，研究发现，农民的受教育水平与其创业的可能性正相关；平均接受学校正规教育年限每增加 1 年，农民创业发生比将增加 37.1%。实际上，农民的受教育程度越高，思考问题的能力越强，认知能力越发达，认识和接受新事物的能力越强，越有能力创业。Meng（2001）利用中国社会科学研究院人口研究所于 1995 年 6 月对山东济南 1500 名农民进行调查的横截面数据为样本，应用多元 Logit 模型，研究发现，相对于在正式部门或非正式部门上班，高素质的移民（Migrants）越有可能成为非正式部门中的自我雇佣者。Zhang Q. F.（2012）采用多元 Logit 模型对 1978~1996 年的 LHSC 数据进行分析后发现，当其他因素都被控制后，高等教育使男人进入高技能自我雇佣的可能性提高 4 倍。Mohapatra（2007）采用随机效应对中国 6 个省份的 1981~2000 年的面板数据分析后发现，教育是农民离开农业部门进入创业的一个关键决定因素。分析表明，在生产率高的行业，受教育程度每增加 1 年，则自我雇佣的比率增加约 7%，从而得到受教育程度更高的工人更有可能在生产率高的行业从事自我雇佣的结论。Alison J. Wellington（2002）利用 CPS（Consumer Population Survey）、NLS（National Longitudinal Survey）、NLSY（National Longitudinal of Youth）数据，采用 Logit 模型及 Probit 模型，研究发现，接受了更多教育和拥有更高技能的女性更有可能选择自我雇佣。Meng（2001）采用多元 Logit 模型对在上海调查得到的横截面数据进行分析后发现，人力资本高的劳动者会选择自我雇佣而不是被他人雇佣。Zhang 等（2006）以 CNRS（the China National Rural Survey）的数据，采用多元 Logit 模型，研究表明，在农村，相对于农业，教育增加了参与自我雇佣的可能性。郝朝艳（2012）基于北京大学国家发展研究院于 2008 年和 2009 年组织的两次"农村金融调查"所得到的数据，研究发现，户主文化程度越高且越年轻，该农户选择创业的概率就越高。Wu（2002）利用 LHSC 的数据，采用离散事件模型和二值 Logit 模型，分析了中国 1978~1996 年自我雇佣的进入情况。研究发现，在农村，受教育年数与自我雇佣两者的关系呈"倒 U 型"函数关系，教育年数增加，自我雇佣的比率上升；当教育年数增加到 11 年再继续增加时，自我雇佣的比率下降。在所选取的农村居民样本中，由于 93% 的农村居民的受教育年数都少于 9 年，所以，Wu（2002）最后得到了以下结论：在农村，学校教育年数增加，则自我雇佣的比率上升。石智雷（2010）利用 2009 年对湖北恩施 1019 位返乡农民工及其家庭的横截面调查数据，采用 Logit 模型，结果发现，受教育年限对农民工返乡后创业的影响是正向且显著的。吴晓刚（2006）基于 1996 年的"当代中国生活史和社会变迁"调查数据（LHSC），使用事件史分析中的离散风险模型进行统计检验，研究发现，在农村，受过更多教育的人更可能成为自雇者，初中毕业个体、高中毕业个体和大学及以上学历个体成为自雇者的净风险率分别是小学及以下学历个体的 2.3

倍、2.1 倍和 8 倍。

第二种观点认为受教育水平对创业有负的影响（Evans，1989；Gagnon et al.，2009；Linda，2009；Blanchflower，2000；Zhang and Zhao，2011；Bell，2013；解垩，2012；宁光杰，2012）。Wang（2007）使用 1978~1996 年的 LHSC 数据，采用离散时间—事件历史模型，以小学及以下个体为对照组，研究发现，在城市，高中及大学教育与创业呈现显著的负向关系，初中对创业并没有显著的影响；使用 1997~2004 年的 CHNS 数据，采用二值 Logit 模型，使用标准的 Binary 和 Multinomial Logit 模型，然后使用 HEV 模型进行对照分析，以小学及以下个体为对照组，研究结果显示，在城市，大学教育与创业呈现显著的负相关关系，初、高中学历个体与参照组在创业上没有显著的差异；使用 2004~2006 年的 CHNS 数据，研究发现，在城市，教育与进入自我雇佣的可能性负相关，但是，这种负相关只在最高的教育水平（大学水平）上显著。最后，Wang（2007）得出了一般结论：由于在中国城市，大量的自我雇佣集中在低水平、不熟练的服务行业，自我雇佣的可能性与教育负相关。解垩（2012）利用 2004~2009 年的 CHNS 数据，研究发现，受教育程度较高者更易于找到工资雇佣工作，并继续留在工资雇佣部门，这与吴晓刚（2006）的研究结论一致。后者利用 1989~1997 年的 CHNS 数据，采用离散风险模型和 Logit 模型，研究发现，政府、集体部门提供了足够的激励吸引相对较高学历的个体。大学毕业生在国有、集体部门获得经济或非经济回报方面会有优势。接受了更好教育的青年更有可能在政府、集体部门而不是在私营企业上班，没有接受正式教育的个人进入国有、集体部门、私有部门的可能性较低。Meng 和 Zhang（2001）基于在上海调查得到的 FP（the Shanghai Floating Population Survey）数据和 RFP（the Shanghai Residents and Floating Population Survey）数据，应用简化的多元 Logit 模型，研究发现，受教育较高的城市居民更有可能从事白领工作，或者从事批发或零售工作。宁光杰（2012）运用 2008 年农村—城市移民调查数据（RUMIC），采用 Probit 模型，探讨了中国由农村到城市移民群体的就业状况，特别关注了他们的就业形式。研究发现，有更高学历水平的移民更可能从事工资工作；这与 Gagnon 等（2009）、王德文（2010）的结论相呼应。Gagnon 等（2009）在中国统计局调查得到的 2005 年全国 1% 人口普查数据中随机抽取 1/5 作为样本，采用多元 Logit 模型，研究表明，在中国的农村移民中，与成为正式工相比，学历更高者更不可能选择自我雇佣。王德文（2010）采用中国社科院人口和劳动经济研究所执行的中国城镇就业和社会保障调查得到的数据及劳动和社会保障部 2006 年、2007 年进行的外来移民就业调查数据，利用简单的 Mincer 工资方程回归分析，结果显示，工资收入者比自我经营者的教育回报率高 2 个百分点左右，表明高学历者更有可能选择工资工作。在矫正了样本选择偏差之后，扩展的 Mincer 工资方程发现，工资收入者的教育回报率在 5.4% ~ 6.8%，从而发现工资工作是更有吸引力的。Giulietti 等（2012）使用 2008 年农村—城市移民调查（RUMICL）数据，使用 Probit 模型集中讨论了中国农村居民向城镇居民的转移过程中自我雇佣的决定因素。研究发现，大学及以上学历使创业的可能性降低 10.9%。Linda（2009a）以国家统计局调查得到的 1999 ~ 2000 年全国城镇家庭的面板数据，采用最大似然多元 Probit 模型，得出更多教育减少创业的结论。这与周京奎（2014）的研究结论一致，后者使用 Probit 模型在研究住房制度改革、流动性约束对创业选择的短期及长期影响中将教育作为一个控制变量，结果发现，教育变量前面的系数为负且显著，说明高学历户主拥有较低的创业倾向。Linda（2009b）以2000 年收集的中国农村家户数据为样本，利用多元 Logit 模型，得到了女性和教育阻碍自我雇佣的可能性的结论。Lu（2010）使用 Logit 模型对 1978 ~ 1994年的生活历史调查（LHSC）得到的面板数据进行分析。结果发现，一方面，拥有更高教育的个人有更强的自己开办业务的能力，因此，教育对自我雇佣的影响应该是正向的（能力决定论）；另一方面，接受更高教育的个人有更高的离开目前岗位的机会成本，从而更加规避创业的风险（风险成本决定论）。Lu（2010）发现，在中国，教育对创业的影响是负向的，这意味着风险成本超过能力成为决定自我雇佣的主导因素。Wu（2002）利用 LHSC 的数据，采用离散事件模型和二值 Logit 模型，分析了中国 1978 ~ 1996 年自我雇佣的进入情况。研究发现，城市居民的受教育年数与自我雇佣呈"倒 U 型"关系。当受教育年数较低时，教育年数对自我雇佣有正的影响；但是，当受教育年数超出了 4.5 年后，教育年数的增加会减少自我雇佣。由于在 Wu（2002）的研究中，城镇居民样本的 85% 都完成了 5 年左右的学校教育，所以，Wu（2002）

认为，在城镇，教育阻碍自我雇佣。Yueh（2009）使用中国国家统计局 2000 年调查得到的国家城镇住户数据，使用 Probit 模型，研究发现，在中国城镇，更多的教育减少自我雇佣的可能性。Cui 等（2013）应用 2002 年中国家户收入项目（CHIP）的数据，采用 OLS 回归分析和简化的 Probit 模型，研究得到以下结论：教育在自我雇佣的决策中不起作用或起副作用，对于迁移到城市的农民而言，它没有影响；对于城镇居民，它的影响是负的。这与 Van der Sluis 等（2005）、Bates（1999）的结论一致，他们认为，接受了更多教育的个人宁愿从事低风险的工作。吴晓刚（2006）基于 1996 年的"当代中国生活史和社会变迁"（LHSC）调查数据，使用事件史分析中的离散风险模型进行统计检验，研究发现，在城市，受过更多教育的人更不可能参与到自雇活动中去。与仅受小学教育及以下的个体相比，初中生、高中生和大学及以上的个体成为自雇者的净风险率分别是 65.8%、45.6%、25.3%。Aki Kangasharju 和 Sari Pekkala（2001）基于"劳动就业统计"的数据，利用 Logit 模型，得到以下结论：与成为工薪阶层的一员相比，经营一个小企业被认为是缺少吸引力的，尤其是对于高等教育水平的个体更是这样；在接受了高等教育水平的个体看来，经营小的企业的收入较低，收入不稳定，并且传统文化也倾向于支持在更大的公司工作。Michael Hout 和 Harvey S. Rosen（1999）基于 GSS（the General Social Survey）数据，把个体的学历分为高中以下学历、高中学历、大专学历、大学本科学历、大学以上学历，以高中以下学历个体为对照组。在此基础上，采用 Logit 模型，研究发现，受教育水平上升，自我雇佣的可能性下降，尽管有 3 个、4 个学历类别的系数在统计上并不显著。Evans（1989）从 1981 年澳大利亚人口普查数据中选取的 1% 公共使用样本，采用 Logit 回归，得到了教育对自我雇佣有负向影响的结论。采用 CGSS2006、CGSS2008、CGSS2010 利用 Probit 模型及 Ivprobit 模型，阮荣平（2014）也发现，受教育程度对创业有显著的负向影响。Justin van der Sluis、Mirjam van Praag 和 Wim Vijverberg（2005）采用发展中国家的数据，应用 MRA（Meta-Regression Analysis）作为实证分析的工具，研究学校教育对创业选择的影响。研究发现，在发展中国家，受教育水平更多的个体一般都在工资部门就业，回避自我雇佣；教育降低了非农自我雇佣的可能性；受教育年限每增加一年，则自我雇佣的比率降低

1.3%。对于受教育水平更多的女性，农村、农业占主导地位和识字率更低的发展中国家更是如此。在发展中国家，接受较低正规教育水平个体创业的可能性较高，而接受较高正规教育水平的个体，创业的可能性较低。相对于在农业部门创业，受教育程度更高的个体更有可能选择非农创业。Anne Laferrere（1995）基于 1991 年 FHSFA（French Household Survey of Financial Assets）数据，研究发现，学士学位变量的系数以及第三教育水平的系数是负值且高度显著。因此，若一个人获得了学士学位或更高的教育水平，那么他创业的可能性变小；较低的教育水平和小学教育对创业的影响存在显著的正向影响。因此，一个人的受教育水平越高，他越有可能成为工薪阶层。Zhang 和 Zhao（2011）采用 RUMICI（Rural-Urban Migration in China and Indonesia）数据，应用 OLS 及 2SLS 方法，结果发现，从农村迁到城市的移民中，增加一年的学校教育会减少自我雇佣 3 个百分点，这是一个较大的影响。其中的一个原因是老板倾向于雇佣受过更高教育的个人，但这些人在工作市场上有其他更好的选择；另外一个原因是接受过更高教育的人会变得更加规避风险，从而不愿意面对与自我雇佣相联系的较大的不确定性；还有一个可能的原因是大量自我雇佣的机会集中于低端的服务行业，而受过更高教育的人出于更高的抱负或者社会压力，会远离这些低端的行业。不同的社会地位依附于不同的职业，获得更多教育的一个动机就是进入到一个更高的社会地位并获得一个受人尊敬的职业。人们一般认为，接受了高等教育的个人不会进入到一个低地位的职业。Bell（2013）发现，如果将受到较高教育水平的个人安排在低技能的岗位上，错配的个人可能觉得他们的技术和能力不能得到充分的发挥，这些人不仅工资水平低，而且对工作不甚满意，这种状况使得一些人转向自我雇佣。

第三种观点认为受教育水平对创业的影响是非线性的，呈"U 型"曲线变化，低学历和高学历的个体创业的可能性大于中等学历个体的创业可能性（Hipple，2010；Poschke，2013）。Schjerning 和 Le Maire（2007）基于 Danish 数据，采用离散选择模型把创业对一系列人口统计特征进行回归，得到了教育与自我雇佣之间的"U 型"关系——中等教育水平个体的自我雇佣可能最低，受教育较少和受教育较多的个人从事自我雇佣的可能性较高。Blanchflower

（2000）利用 EUROSTAT 所执行的欧洲民意调查提供的欧盟几个国家的数据为基础，采用一系列的 Probit 回归，结果发现，教育水平最少和教育水平最高的个体的创业可能性更高，尤其是对于教育程度最低的个人更是如此。教育程度最低的个人自我雇佣的可能性最高，这与 Reardon（1998）对于美国的分析结论相一致。Poschke（2013）以 1997 年 NLSY（the National Longitudinal Survey of Youth），将学历分为高中以下、高中、大专、大学本科、研究生学历，以高中以下学历个体为对照组。利用 Probit 模型，研究发现，创业率和受教育水平之间呈"U 型"关系。接受较高教育水平和较低教育水平个体的自我雇佣率最高，接受中等教育水平个体的自我雇佣率最低。有两个理由可以对"U 型"关系作出解释（Joona and Wadensjö，2013）。首先，个体从事自我雇佣有各自不同的动机。低能力（主要通过教育衡量）个体由于必要的原因不得不转移进自我雇佣，比如：失去工作的风险（Von Greiff，2009）；接受更高教育的个体由于需要利用市场出现的机会，更倾向于创业（Bosma and Harding，2007）。对于接受较高教育的个人而言，最优保留生产率较高；对于接受较低教育的个人而言，最优保留生产率较低，创业的机会成本低，只要这些人有一个好的想法并且进入成本不是太高，创业就是值得的。接受较高教育水平的个人因为有较高的保留生产率，所以创业有巨大的潜在收益。接受较高教育水平的个人通过自己的企业家能力发挥现有生产能力的杠杆作用从而带来更多的收益而创业。接受较低教育水平的个人因为可以寻找到一个创业成本低的创业项目而创业。中等教育水平的个人既在进入成本上没有优势，也在保留生产率上没有优势，所以，创业对他们而言并非最优。Brown（2008）基于美国的 SCF（the Survey of Consumer Finances）数据，利用 Dogit 模型与 MNL 模型，在将教育划分为 6 个类别（无教育、高中、专科、学士、硕士、博士）的基础上，以没有接受教育的类别为参照组进行分析。研究发现，除了高中和专科外，更高教育水平和自我雇佣之间都是正向的关系；高中、专科与自我雇佣之间呈负相关关系。实证结果还告诉我们，区分不同类型的学历水平而不是仅仅用受教育年数来表示受教育程度是重要的。Blanchflower（2000）采用 19 个 OECD 国家的数据，Schjerning 和 Le Maire（2007）基于 Danish 数据，采用离散选择模型把创业对一系列的人口统计特征回归，得到了教育与自我雇佣之间的"U 型"

关系。Blanchower（2000）控制了年龄、教育、性别、家庭规模，家中 15 岁以下孩子的数量，特定性别的失业率等变量后，研究发现，自我雇佣更多地集中在受教育年数较少和受教育年数较多的群体中，受教育最少（离校时年龄小于 15 岁）和受教育最多（离校时年龄大于 22 岁）的群体有最高的自我雇佣可能，特别是受教育群体最少的个体有最大的自我雇佣的可能性。Schjerning 和 Le Maire（2007）在控制了年龄、财富、每个年龄上孩子的数量、婚姻状态、外来移民的状态和母国、配偶的自我雇佣状态等变量后，仍然发现中等教育的自我雇佣可能最低，受教育较少和受教育较多个人的自我雇佣的可能较高。Poschke（2008）基于 NSLY79（the National Longitudinal Survey of YouthB）的数据，采用 Probit 模型，从关于创业的经验文献，可以得到下列结论：当教育被作为能力的替代变量时，自我雇佣与能力之间存在"U 型"关系。教育水平比较高及比较低时，自我雇佣率最高；当教育水平中等时，自我雇佣的水平较低。Federico S. Mandelman（2009）采用覆盖了阿根廷大部分大都市地区的 EPH（the Encuesta Permanente de Hogares）数据，利用多项 Probit 模型、多项 Logit 模型，研究发现，正式教育对自我雇佣可能性的影响呈"U 型"特征，且 8 年左右的学校教育能使工薪阶层变成创业者的可能性最低。个人所受的教育年数越多，则这个人转变为自我雇佣的可能性就越大。第一个原因是 Beccaria 和 Loʹpez（1996）认为，在发展中国家，大学毕业生通常建立了较大的人际关系网。第二个原因是当劳动市场的状况不利时，自我雇佣是受过高等教育这批人的次优选择。根据危机—推动理论，上班族的恶劣的经济前景推动工人转向自我雇佣（Taylor，1996）。

第四种观点认为受教育水平对创业的影响呈"倒 U 型"特征。与研究结果认为受教育水平对创业的影响呈"U 型"特征相反，有的研究认为受教育水平对创业的影响是"倒 U 型"的。美国中小企业局数据显示，创业型自雇者的受教育程度结构呈现"倒 U 型"特征，即初中及以下学历者、研究生及以上学历者占比较少，高中和大学学历者占比相对较多，且波峰在大学学历者（石丹淅等，2013）。A mar V. Bhide（2008）认为，创办有前途企业的倾向可以被看作是个人人力资本的"倒 U 型"函数。Kim 等（2006）使用针对美国创业数据的面板 PSED（the Panel Study of Entrepreneurial Dynamics）数据，采用 Logit 回归，研究认为，受教育年数对新生创业（Nascent Entrepreneur）有曲线的影响。新生创业指当某人单独或与他人合伙在过去 12 个月正尝试开办一个新的仍处在初创阶段的企业，且期望成为该企业的唯一老板或老板之一。这个个体即被视为新生创业者。以前的研究者考察的创业者，他们正在经营一个运转的企业，比较而言，PSED 考察的创业者，正处于启动企业的开始阶段。具体来说，我们所考察的新生创业者，他们在开始阶段的过去的 12 个月内积极地参与企业的创办，企图获得所有权并在一定程度上有经营的自主权。这些创业者并不能直接地与成功的创业者或小企业老板相比较，因为相当多的新生创业者并不能在企业的初创阶段存活下来。接受大学教育的个体新生创业的倾向最高，获得大学文凭的人新生创业的可能性是获得高中及以下学历的个人新生创业可能性的两倍，获得研究生教育并不能增加新生创业的可能性。接受高中及高中以下教育的个体以及研究生教育的个体的新生创业倾向较低，太少的教育和太多的教育都对新生创业有不利的影响。正式教育通过以下途径对新生创业的可能性产生影响：①获得技能；②资格；③通过野心和自信来对人进行分离（Reynolds and White，1997）。

第五种观点认为受教育水平对创业的影响是拟线性的（Arum and Mullar，2004），这些学者发现在德国和俄罗斯，教育和自我雇佣之间呈拟线性的关系。

第六种观点认为受教育水平对创业没有显著的影响（Unger et al.，2011）。Bates（1995）基于 1984 年 SIPP（Survey of Income and Program Participation）数据，使用 Logit 随机效应模型，得到在美国，教育与自我雇佣之间存在微弱且不稳定关系的结论。在技能型服务行业，教育水平增加，则自我雇佣的可能性大大上升；但在建筑行业，教育水平增加，自我雇佣的可能性下降，高中文凭个体创业的可能性比大学文凭个体创业的可能性更大。在制造行业和零售行业，教育背景没有什么解释力。类似地，Evans 和 Leighton（1989）认为，教育水平在预测自我雇佣的倾向上是微弱和不一致的。不同行业中教育对自我雇佣的不同影响使得我们不能清晰地识别教育对创业可能性的影响。Robert W. Fairlie（1999）利用 1968～1989 年的 PSID（the Panel Study of Income Dynamics）中家庭的男性户主的 22 年数据，采用 Logit 回归模型，研究结果表明，对于美国白人与黑人，教育和自我创业之间的关系很微弱。Blanchflower

（1991）利用澳大利亚 ALS 1985~1988 年的面板数据（the Australian Longitudinal Survey），采用 Probit 模型，得到了以下结论：在澳大利亚，额外一年的学校教育对自我雇佣没有影响。Van der Sluis 等（2008）、Lin 等（2000）、Pisani 和 Pagán（2004）、Unger 等（2011）发现，教育水平对创业选择总体上没有显著影响。Evans 和 Leighton（1989a）的研究发现，教育对自我雇佣的影响微弱、不稳定并且不一致。Constant 和 Zimmermann（2005）采用 GSOEP（the German Socioeconomic Panel）数据，利用二值 Probit 模型，得到以下结论，教育并不是自我雇佣的一个显著决定因素。Van der Sluis 等（2008）和 Unger 等（2011）所做的 Meta 分析归纳总结了受教育程度与创业选择的相关文献。他们的结果表明，从以往研究可以得出的共识性结论是，受教育程度对创业选择总体上没有显著影响。其中的可能原因在于受教育程度对创业的影响依赖于工作类型。Hiromi Taniguchi（2002）以 1997 年 NLSY（the National Longitudinal Survey of Youth）中的女性为样本，通过应用竞争风险模型，研究结果表明，一年额外学校教育对女性的自我雇佣比率没有影响，同样一年额外的学校教育却显著地增加她们成为工薪阶层的可能性。Pernilla 和 Ersson Joona、Eskil Wadensjö（2013）将教育分为 7 个类型：少于 9 年的小学教育、9 年小学教育、2 年或以下的高中教育、超过 2 年的高中教育、少于 3 年的高等教育、3 年以上的高等教育、研究生教育。采用多元 Logit 回归模型，以超过 2 年的高中教育为参照组，获得少于 9 年小学教育的工薪阶层转变为自我雇佣的可能性显著变小，获得少于 3 年高等教育的工薪阶层转为创业的可能性显著变大，获得其他教育程度的工薪阶层转入创业的可能性与参照组没有明显的差异。Pietrobelli 等（2004）根据世界银行提供的跨国数据，根据一般到特殊的方法选择解释变量，运用 OLS 方法，最后得到教育与创业之间没有确切关系的结论。Zhengxi Lin（2000）使用 1993 年、1994 年加拿大 SLID（the Survey of Labor and Income Dynamics）统计数据，采用 Logit 回归，结果发现，所有教育类别虚拟变量均不显著，说明了不同教育层次的个体在自我雇佣方面没有差异。Justin van der Sluis 和 Mirjam Van Praag（2008）采用英国、意大利、荷兰及美国的数据，应用 MRA（Meta-Regression Analysis）作为分析工具，研究发现，在美国，获得大学教育的个体从事自我雇佣的可能性高于其他地区获得大学教育个体从事自我雇佣的可能性，这暗示着在美国，教育对创业是有积极引导作用的。对男性个体、女性个体而言，教育对自我雇佣的影响一样。随着时间的推移，教育对创业的影响上升。总的结论是，没有证据显示，受教育年数和创业可能性二者之间存在系统的关系。Borjas 和 Bronars（1989）基于 1980 年从美国人口普查得到的 1/100 B 样本为数据，将受教育年限分为 4 个组：受教育年数少于 12 年，受教育年数等于 12 年，受教育年数在 13 ~ 15 年，受教育年数大于 15 年。结果发现，对于黑人、亚洲人及西班牙语系的国家，教育对自我雇佣没有影响。刘俊杰等（2014）使用北京大学国家发展研究院的中国健康与养老追踪调查数据（CHARLS）所调查的 731 个甘肃城乡家庭样本数据，采用 Probit 模型分析了家庭创业水平的城乡差异及其影响因素。结果发现，受教育水平对自我雇佣没有显著的影响。Wang Xiaobin（2011）利用中国国家农村调查（CNRS）2000 年及 2008 年的数据，采用多元 Probit 模型分析，研究发现，教育对自我雇佣没有显著的影响。赵恒平（2010）利用 2009 ~ 2010 年对湖北省大学生进行了实地走访、座谈和考察得到的横截面数据，应用 Logit 模型，得到了受教育程度对创业没有显著影响的结论。原因可能是具有较高的受教育程度面临更多的就业机会，更容易获得收入稳定可观的工作，因而他们创业的积极性不高。

还有的学者认为，不同的群体有不同的教育与自我雇佣的关系。Kidd（1993）将受教育年限分为 7 个组：受教育年数少于 10 年、Grade10、Secondary、Trade、Diploma、Degree、Edu：aust，以受教育年数少于 10 年的群体为参照组。Kidd（1993）研究发现，相对于在澳大利亚少于 10 年的外来移民，拥有相同学历、澳大利亚本地出生的人成为自我雇佣可能性的比率少 3.87 个百分点。Valdeaz（2002）采用序数 Logit 模型对 1990 年的 Censas 数据和 1992 年的 CBOD（Characteristics of Business Owners Database）数据进行分析，得到了受教育水平低的种族创业可能性低的结论。在韩国，教育通常并不能增加创业可能性，但获得了大学文凭的韩国人除外，他们更有可能创业。在墨西哥，随着受教育水平上升，创业的可能性稳步提升，获得了大学文凭的个人比没有获得这一文凭的个人创业的可能性多 10 个百分点；在拉丁美洲，教育年数增加，则自我雇佣的可能性增加；白人中，获得高中文凭的个人比没有获得这一文凭的个人从事创业的可能性更大。Blanchflower（2004）基于 ORG（the Outgoing Rotation Group）、GSS（the General Social Survey）、WVS（the World Values Survey）、EBS（the Eurobarometer Surveys）、ISSP（the International Social Survey Programme）数据，采用混合回归、Probit 回归、有序 Logit 模型，研究发现，在欧洲，获得最少教育的个体有最大的创业可能性；而在美国，个人受教育水平提高，则其创业的可能性变大。Zhang Q. F.（2012）将自我雇佣分为两类：UISE（Unskilled Individual Self-employment）、SESE（Skilled and Entrepreneurial Self-employment）。采用多元 Logit 模型和离散时间模型、竞争风险事件历史模型（Competing Hazards Event History Models）研究分析当代中国调查的 1996 年生活历史及社会改变的数据（LHSC）。研究表明，当其他因素都被控制后，高等教育使男人进入高技能自我雇佣（SESE）的可能性提高 4 倍，但对于女性，其进入高技能自我雇佣（SESE）的可能性仅仅增加 6%；获得了较高教育的男性、女性均会逃避 UISE，教育水平低的个体更有可能进入 UISE，教育水平高的个体更有可能进入 SESE；农民更有可能在 UISE 创业，而不是在 SESE 创业；私有部门上班的工薪阶层相对于失业人员而言，更不会进入 UISE，但两者都不情愿进入 SESE；因为家庭责任的约束，已婚妇女更多地选择在政府部门上班，而不是从事创业。

有的学者认为受教育水平对创业的影响取决于不同的经济形势。Raquel Carrasco（1999）使用 ECPF（the Spanish Continuous Family Expenditure Survey）的面板数据，采用二值 Probit 模型和多项 Probit 回归，结果发现，当经济形势恶化的时候，低学历失业者更有可能转向自我雇佣，而高学历受雇者转向自我雇佣的可能性则比较小。受教育水平较低的失业群体转向自我雇佣的可能性是大学学历失业个体转向自我雇佣可能性的 2 倍。这一结论意味着，劳动力市场需求较低时，自我雇佣是一个更有可能的选择。Aki Kangasharju 和 Sari Pekkala（2002）使用芬兰 1990 年、1993 年自我雇佣的个体数据，采用二值非线性 Logit 模型。结果发现，在经济不景气时，接受较高学历个体创业者退出的可能性较小，而低学历个体创业者退出的可能性较大；当经济好转时，高学历个体退出创业的可能性较大，因为经济情形较好时，自我雇佣较低的收入前景、收入流不稳定、在大公司工作的文化传统、市场对高学历个体有更多的外部需求使得自我雇佣对于高学历个体并不是一个很有吸引力的选择。

　　还有学者认为，受教育水平对创业的影响取决于不同的创业类型。以往在探讨自我雇佣时，研究者着重从"推"和"拉"两方面将自我雇佣进行分类，并研究教育与这两类自我雇佣的关系。此外，Djankov 等（2006）将自我雇佣者按原因划分为机会型自我雇佣者和需要型自我雇佣者。前者是那些看到商业机遇才选择成为创业者的人，他们是熊彼特意义上的企业家；后者是那些因为找不到其他工作才选择自我雇佣的人。最近，对教育与自我雇佣关系的研究出现的一个新的变化就是把自我雇佣进行更详细的分类，并分别讨论不同类别的自我雇佣与教育的关系。Dawson 等（2009）以 1999~2001 年的 QLFS（the United Kingdom Quarterly Labour Force Survey）数据为基础。在将自我雇佣分为追求独立、改善工作环境、职业属性、照顾家庭生意、追求金钱、失业"避难所"等类别的基础上，研究发现，在自我雇佣的不同类别内，存在着教育程度影响上的显著差异。追求独立、改善工作条件、职业的属性等类型的自我雇佣与教育呈现显著的正向关系；接受了更高教育的个人更可能在这些动机的自我雇佣中创业。照顾家庭生意、失业、追求金钱等类型的自我雇佣与教育呈现显著的负向关系，获得较高教育的个人较少可能在这些动机的创业类型中创业，而没有获得学历资格的个人更可能在这些动机的创业类型中创业。Van der Sluis 等（2008）和 Unger 等（2011）所做的 Meta 分析也考察了不同职业中受教育程度与创业的关系。对于工人而言，受教育程度越高，进行创业的概率就越小；但对于农民而言，受教育程度越高进行非农创业的概率就越大。阮荣平（2014）也发现，受教育程度对创业的影响也依赖于创业层面，受教育程度越高，进行老板型创业的概率越大，而进行自雇型创业的概率越小。Brown（2010）基于美国的 SCF（the Survey of Consumer Finances）数据，将教育区分为高中学历、专科学历、学士学历、硕士学历、博士学历，还将自我雇佣区分为自雇型创业与老板型创业，利用 Dogit 模型与 MNL 模型，研究发现，高中文凭对自雇型创业没有统计上的显著影响，但与老板型创业负相关；拥有专科文凭与自雇型创业正相关，与老板型创业负相关；其他更高的教育水平则与两种类型的创业正相关，且对于老板型创业显著性更高；同时，Brown（2010）发现，老板型创业个体的受教育水平高于自雇型创业个体的受教育水平。John S. Earle 和 Zuzana Sakova（2000）采用 Multinomial-logit 模型，采用从 6 个国家——保加利亚、匈牙利、捷克、斯洛伐克、波兰、俄罗斯得到的近 5000 个农户的比较数据，将自我雇佣区分为自雇型创业与老板型创业，考察不同变量对这两类不同创业类型的影响差异。研究显示，个体的受教育年数对自雇型创业有负的影响，对老板型创业有正的影响。Ross Levine 和 Yona Rubinstein（2013）将自我雇佣区分为公司化的自我雇佣与非公司化的自我雇佣。公司具有两个特征——有限责任和独立的法人实体。采用 CPS（Consumer Population Survey）、NLSY97（the 1997 National Longitudinal of Youth）数据，应用多元 Logit 模型，研究发现，公司化自我雇佣者的受教育水平高于工薪阶层及非公司化自我雇佣者的受教育水平。

总之，教育对自我雇佣的影响还远未形成一致结论（Nadia Simoes et al.，2013），经验分析中也是如此（Brown et al.，2011a）。

通过对上述文献的分析和总结，我们认为造成受教育水平对创业影响的研究结论大相径庭，主要有以下三个方面的原因：第一，创业是高度异质性的活动（Shane，2009；Kuhn，2000），而许多研究都没有将创业进行区分，并分门别类地去研究受教育水平对每一类创业的影响；而是将所有不同类型的创业活动放在一块进行加总去研究受教育水平对创业的影响，这势必会得出不正确的结论。比如，在研究受教育水平对中国居民创业的影响时，国内仅有阮荣平（2014）将创业区分为老板型创业与自雇型创业去研究受教育程度对创业的影响。第二，文化背景的原因。有的国家是"学而优则商"的文化背景，有的国家是"学而优则仕"的文化背景；不同文化背景下，即使是相同的受教育水平，个人从事创业的倾向也是不一样的。第三，选择样本的侧重点不同，有的是选择全部样本，有的是符合某个条件的部分样本。

考虑到以前的研究存在的上述缺陷和不足，本书拟在以下几个方面进行改进。第一，按照创业精神的不同，将创业分为老板型创业与自雇型创业，分别考察不同受教育水平对老板型创业、自雇型创业可能性的影响。老板型创业个体指有雇工的个体经营者，自雇型创业个体指无雇工的个体经营者。第二，选择在"学而优则仕"的文化背景下，研究受教育水平对中国居民创业可能性的影响。"学而优则仕"的文化传统使得大部分大学毕业生都愿意到政府部门、银行、国家办的事业单位、外资单位或出国留学。教育给人们提供了一个向上流动的渠道，教育对于获得一个行政职位或专业职位的作用日益增加（Wang，2007），很多人选择接受更高水平教育的目的就是获得一份社会地位更高的工作。第三，采用了不同的样本，考察受教育水平对创业的影响是否相同；如果不同样本下得到的受教育水平对创业的影响不同，那么，原因是什么？

1.3　研究内容、研究方法与结构安排

在研究过程中，我们主要采用实证研究方法，同时辅以文献研究和比较分析考察受教育水平对中国居民创业倾向的影响。本书的具体研究内容、研究方法以及结构安排如下：

1.3.1　受教育水平对创业倾向影响的文献综述

在文献综述部分，我们首先回顾了受教育水平对创业倾向影响的现有文献，其次总结了现有研究的不足，而这些不足也就是本书研究力图改进的地方。

1.3.2　受教育水平对中国居民创业倾向影响的研究

以 CHNS "1997 年 18~60 岁个体" 为样本，采用这些个体在以后受调查年度（2000 年、2004 年、2006 年、2009 年）相关变量的数据，利用面板Logit 模型，研究受教育水平对中国居民创业倾向的影响。以 CHNS "2000 年18~60 岁个体" 为样本，采用这些个体在以后受调查年度（2004 年、2006年、2009 年）相关变量的数据，利用面板 Logit 模型，研究受教育水平对中国居民创业倾向的影响。由于 "1997 年 18~60 岁个体" 及 "2000 年 18~60 岁个体" 中包含因国有企业改革造成的大量自雇型创业个体，这使得以 CHNS"1997 年、2000 年 18~60 岁个体" 为样本得到的数据进行的研究，得到了受

教育水平对中国居民创业倾向呈负向影响的结论。在对以"1997 年 18~60 岁个体"为样本所建立的面板数据中的"因国有企业改制造成的在 2000 年、2004 年、2006 年、2009 年是自雇型创业个体且在 1997 年也是自雇型创业的个体"进行控制，及对以"2000 年 18~60 岁个体"为样本建立起来的面板数据中的"因国有企业改制造成的在 2004 年、2006 年、2009 年是自雇型创业个体且在 2000 年也是自雇型创业的个体"进行控制后，研究发现，受教育水平对中国居民创业倾向的影响呈"倒 U 型"特征，且初中学历个体创业的可能性最大。

以 CHNS "1997 年、2000 年 18~60 岁未创业个体"为样本，对上述结论进行稳健性检验。挑选出 CHNS 数据中的"1997 年 18~60 岁未创业个体"，这些个体在以后受调查年度（2000 年、2004 年、2006 年、2009 年）可能创业，也可能没有创业。采用这些个体在以后受调查年度（2000 年、2004 年、2006 年、2009 年）相关变量的数据，利用面板 Logit 模型，研究受教育水平对中国居民创业倾向的影响。挑选出 CHNS 数据中的"2000 年 18~60 岁未创业个体"，这些个体在以后受调查年度（2004 年、2006 年、2009 年）可能创业，也可能没有创业。采用这些个体在以后受调查年度（2004 年、2006 年、2009 年）相关变量的数据，利用面板 Logit 模型，研究受教育水平对中国居民创业倾向的影响。稳健性检验的结果支持了以下结论，受教育水平对中国居民创业倾向的影响呈"倒 U 型"特征，且初中学历个体创业的可能性最大。

1.3.3 受教育水平对中国居民老板型创业倾向影响的研究

以 CHNS "1997 年、2000 年 18~60 岁个体"为样本，研究受教育水平对中国居民老板型创业倾向的影响。挑选出 CHNS 数据中"1997 年 18~60 岁个体"，这些个体在以后受调查年度（2000 年、2004 年、2006 年、2009 年）可能进行了老板型创业、也可能没有进行老板型创业。采用这些个体在以后受调查年度（2000 年、2004 年、2006 年、2009 年）相关变量的数据，利用面板 Logit 模型，研究受教育水平对中国居民老板型创业倾向的影响。挑选出 CHNS 数据中"2000 年 18~60 岁个体"，这些个体在以后受调查年度（2004 年、

2006 年、2009 年）可能进行了老板型创业，也可能没有进行老板型创业。采用这些个体在以后受调查年度（2004 年、2006 年、2009 年）相关变量的数据，利用面板 Logit 模型，研究受教育水平对中国居民老板型创业倾向的影响。研究发现，受教育水平对中国居民老板型创业可能性的影响呈"倒 U 型"特征，且初中学历个体进行老板型创业的可能性最大。

以 CHNS"1997 年、2000 年 18~60 岁未进行老板型创业个体"为样本，对上述结论进行稳健性检验。挑选出 CHNS 数据中"1997 年 18~60 岁未进行老板型创业个体"，这些个体在以后受调查年度（2000 年、2004 年、2006 年、2009 年）可能进行了老板型创业，也可能没有进行老板型创业。采用这些个体在以后受调查年度（2000 年、2004 年、2006 年、2009 年）相关变量的数据，利用面板 Logit 模型，研究受教育水平对中国居民老板型创业倾向的影响。挑选出 CHNS 数据中"2000 年 18~60 岁未进行老板型创业个体"，这些个体在以后受调查年度（2004 年、2006 年、2009 年）可能进行了老板型创业，也可能没有进行老板型创业。采用这些个体在以后受调查年度（2004 年、2006 年、2009 年）相关变量的数据，利用面板 Logit 模型，研究受教育水平对中国居民老板型创业倾向的影响。稳健性检验的结果肯定了初步估计的结果，即受教育水平对中国居民老板型创业倾向的影响呈"倒 U 型"特征，且初中学历个体进行老板型创业的可能性最大。

1.3.4 受教育水平对中国居民自雇型创业倾向影响的研究

分别以 CHNS"1997 年 18~60 岁未进行自雇型创业个体""2000 年 18~60 岁未进行自雇型创业个体"为样本，研究受教育水平对中国居民自雇型创业倾向的影响。"1997 年 18~60 岁未进行自雇型创业个体"在以后受调查年度（2000 年、2004 年、2006 年、2009 年）可能进行了自雇型创业，也可能没有进行自雇型创业。采用这些个体在以后受调查年度（2000 年、2004 年、2006 年、2009 年）相关变量的数据，利用面板 Logit 模型，研究受教育水平对中国居民自雇型创业倾向的影响。"2000 年 18~60 岁未进行自雇型创业个体"在以后受调查年度（2004 年、2006 年、2009 年）可能进行了自雇型创业，也可能没有进行自雇型创业。采用这些个体在以后受调查年度（2004 年、2006

年、2009 年）相关变量的数据，利用面板 Logit 模型，研究受教育水平对中国居民自雇型创业倾向的影响。在对以"1997 年 18～60 岁未进行自雇型创业个体"为样本所建立的面板数据中的"因国有企业改制造成的在 2000 年、2004 年、2006 年、2009 年是自雇型创业个体且在 1997 年也是自雇型创业的个体"进行控制，及对以"2000 年 18～60 岁未进行自雇型创业个体"为样本建立起来的面板数据中的"因国有企业改制造成的在 2004 年、2006 年、2009 年是自雇型创业个体且在 2000 年也是自雇型创业的个体"进行控制后，研究发现，受教育水平对中国居民自雇型创业倾向的影响呈"倒 U 型"特征，且初中学历个体进行自雇型创业的可能性最大。

分别以 CHNS"1997 年 18～60 岁未创业个体""2000 年 18～60 岁未创业个体"为样本，对上述结论进行稳健性检验。挑选出 CHNS 数据中"1997 年 18～60 岁未创业个体"，这些个体在以后受调查年度（2000 年、2004 年、2006 年、2009 年）可能进行了自雇型创业，也可能没有进行自雇型创业。采用这些个体在以后受调查年度（2000 年、2004 年、2006 年、2009 年）相关变量的数据，利用面板 Logit 模型，研究受教育水平对中国居民自雇型创业倾向的影响。挑选出 CHNS 数据中"2000 年 18～60 岁未创业个体"，这些个体在以后受调查年度（2004 年、2006 年、2009 年）可能进行了自雇型创业，也可能没有进行自雇型创业。采用这些个体在以后受调查年度（2004 年、2006 年、2009 年）相关变量的数据，利用面板 Logit 模型，研究受教育水平对中国居民自雇型创业倾向的影响。稳健性估计的结果说明了基本回归模型的结果是稳健的，即受教育水平对中国居民自雇型创业倾向的影响呈"倒 U 型"特征，且初中学历个体进行自雇型创业的可能性最大。

1.3.5 受教育水平对中国居民创业可能性的影响是否存在地区差异的研究

以"1997 年 18～60 岁未创业个体"为样本，采用这些个体在以后受调查年度（2000 年、2004 年、2006 年、2009 年）相关变量的数据，以广西为对照省份，实证检验受教育水平对中国居民创业倾向的影响是否存在地区差异；以"2000 年 18～60 岁未创业个体"为样本，采用这些个体在以后受调查年度（2004 年、2006 年、2009 年）相关变量的数据，以广西为对照省份，实证检验受教育水平对创业可能性的影响是否存在地区差异。实证结果显示，受教育水平对中国居民创业倾向的影响存在地区差异。

1.3.6 受教育水平对老板型创业个体创业收入影响的研究

以"2000年老板型创业个体"为样本，并挑选出在以后受调查年度（2004年、2006年、2009年）仍处于老板型创业状态的个体，构建一个非平衡面板数据，实证检验受教育水平对老板型创业者创业收入的影响；以"2004年老板型创业个体"为样本，并挑选出在以后受调查年度（2006年、2009年）仍处于老板型创业状态的个体，构建另一个非平衡面板数据，实证检验受教育水平对老板型创业者创业收入的影响。实证结果显示，受教育水平对老板型创业者的创业收入没有显著的线性、曲线影响。

1.3.7 受教育水平对自雇型创业个体创业收入影响的研究

以"2000年自雇型创业个体"为样本，并挑选出在以后受调查年度（2004年、2006年、2009年）仍处于自雇型创业状态的个体，构建一个非平衡面板数据，实证检验受教育水平对自雇型创业者创业收入的影响；以"2004年自雇型创业个体"为样本，并挑选出在以后受调查年度（2006年、2009年）仍处于自雇型创业状态的个体，构建另一个非平衡面板数据，实证检验受教育水平对自雇型创业者创业收入的影响。实证结果显示，受教育水平对自雇型创业者的创业收入没有显著的线性、曲线影响。

1.4　主要创新点

第一，本书得到了与现有研究迥然不同的结论，本书发现，在中国，受教育水平对创业倾向的影响呈"倒U型"特征：当个人的受教育水平少于8年时，受教育年数的提高会使创业的可能性上升；当受教育水平超过8年时，受教育年数的进一步提高则会使创业的可能性下降；拥有8年左右受教育年数的个体，即初中学历个体创业的可能性最大。大部分以前的相关研究得到了受教育水平对创业可能性的影响呈正向、负向、"U型"特征，这些文献与本书得到的研究结论不同。

第二，本书将创业区分为老板型创业和自雇型创业，分别研究了受教育水平对中国居民老板型创业倾向、自雇型创业倾向的影响。在本书中，若个体是有雇工的个体经营者，则该个体即为老板型创业；若个体是无雇工的个体经营者，则该个体为自雇型创业者。本书通过基本回归和稳健性检验，得到了受教育水平对老板型创业倾向、自雇型创业倾向的影响皆呈"倒U型"特征，初中学历个体进行老板型创业、自雇型创业的可能性最大，而小学及以下学历、高中及中职、大学及以上学历个体创业的可能性较小。

在诸多的文献中，仅阮荣平（2014）将中国居民的创业分为老板型创业和自雇型创业，并简单阐述了受教育水平对中国居民老板型创业倾向、自雇型创业倾向的影响。阮荣平（2014）基于CGSS（2006~2010年）数据，研究发现，受教育程度越高，进行老板型创业的概率就越大，而进行自雇型创业的概率就越小。本书研究使用的数据来自CHNS，阮荣平（2014）的研究使用的数据来自CGSS（2006~2010年）；另外，本书认为，老板型创业与自雇型创业的核心区别是前者有更强的创新精神，阮荣平（2014）认为，老板型创业有更大的经营规模从而寓意着更高的创业成功性。

第三，本书研究得出与传统经济学理论关于受教育程度与创业收入截然不同的观点。传统经济学理论认为，受教育程度一定程度上可以反映人力资本水平，因而受教育水平较高的创业个体一般拥有较高的创业收入。Paulson和Townsend（2004）发现，教育与企业家才能之间存在强相关关系，提升受教育水平能够显著促进创业和提高创业绩效。但是，本书的研究却发现，受教育水平对老板型创业个体的创业收入、自雇型创业个体的创业收入没有显著影响。

第四，本书首次就受教育水平对中国居民创业倾向的影响是否存在地区差异这一问题进行了研究。研究认为，在CHNS（2000~2009年）数据所涉及的9个省份中，受教育水平对中国居民创业倾向的影响是存在地区差异的。

2 受教育水平对中国居民创业倾向影响的理论分析

2.1 受教育水平对中国居民创业倾向影响的理论分析

创业涉及经济个体的职业选择（吴晓瑜，2014）。择业动机理论认为，个体之所以选择某种职业，是因为选择该职业所获得的潜在收益超过其机会成本。个体可以选择工作，也可以不选择工作而创业。根据 Rees 和 Shah（1986），当创业的潜在收益大于其机会成本（主要指选择工作的潜在收益，主要包括两部分：潜在货币收益及因为从事该项工作得到他人和社会认同所获得的社会地位）时，劳动者就会选择创业。不同受教育程度的个体，创业的潜在收益和机会成本是不同的。下面我们将比较不同受教育程度个体从事创业的潜在收益和机会成本的相对大小，来分析不同受教育水平群体的创业倾向。

对于受教育程度较高的个人而言，创业并不是一个有吸引力的选择，他们更愿意在工资部门上班。受教育程度较高的个体从事创业的潜在收益低。高学历个体把大把的时间花在学校里面，学到的更多的是基础理论和逻辑推理能力，而不是创业实践能力和管理能力，故受教育程度较高的个体挑选到风险小、回报较高的创业项目及创业成功的可能性是比较低的，从而创业的潜在收益低。很多学者持有类似的观点。例如，Alison J. Wellington（2002）就认为，相对于上班族较稳定的收入而言，受教育程度较高的个体创业的收入不稳定，存在风险；Hamilton（1995）认为，自我雇佣本质上就比上班具有更高的风险。Storey（1994）认为，相对于在大公司和公共部门上班，受教育程度较高的个体经营小公司会存在更高的内生性风险。但是，接受更高教育程度的个人存在更高的创业机会成本（Lu，2010）。根据"人力资本理论"，受教育程度较高的个体在劳动力市场上的竞争力较强，成功选择一份好工作的概率较大。傅娟（2014）发现，大学毕业生在体制内上班领取的工资奖金及各种福利高于他作为一名个体劳动者所得到的收入。由于受教育程度较高的个体在工资部门更有可能得到好的工作机会（Vander Sluis et al.，2008；Brown et al.，2011a），且作为上班族的一员，他们会比创业得到更多的潜在收入（Lucas，1978；Parkkinen，2000；Uusitalo，2001），从而他们选择创业的机会成本大。不仅如此，受教育程度较高的个体在正规部门及大公司工作能带来更高社会地位的文化传统（Aki Kangasharju and Pekkala，2002）是其创业的另一机会成本。从目前个人、家庭和社会观念看，大学生如果到正式单位上班，是一件很有面子的事情；而如果放弃正式工作去创业，则会被认为是不务正业，是很丢面子的事情。所以，"学而优则仕"的文化传统使得大部分大学毕业生都愿意到政府部门、银行、国家所属的事业单位、外资单位或出国留学。由于受教育程度较高的个体创业的潜在收益少而机会成本很高，这部分个体更有可能选择工作而非创业。

中等受教育水平的个体具备了一定的理解、阅读、分析、思维及认知能力，且由于他们较早踏出校门进入社会，使得他们具有丰富多样的人生阅历和经验。小到当一名打工仔、摆地摊、开店，大到承包工程、项目等摸爬滚打的经历使得相当一部分中等受教育水平个体有一定的管理能力和创业实践能力；且由于很多中等受教育程度个体在初中、高中及中职教育阶段的专业与课程设置"更偏实践和应用"，这使得他们能够识别创业机会，选择好的创业项目、并成功地经营好的创业项目，从而创业的潜在收入大。而且，这部分个体创业的进入成本较低使他们创业的潜在成本也低。Lofstrom 和 Bates（2013）发现，受教育水平较低的个人更有可能在进入成本小的项目上从事创业。Hurst 和 Lusardi（2004）发现，大部分企业的进入投资成本相对较低。由于他们创业的潜在收入大而潜在成本低，故中等受教育水平个体的创业潜在收益较高。但是，对于中等受教育水平个体，其创业的机会成本低（Von Greiff，2009）。与受教育水平较高的个体相比较，中等受教育水平个体的受教育年数较少。他们不具有高学历个体所具备的较深的理论知识，也不具有高学历个体所掌握的较强的专业技能；所以，他们在劳动力市场上的竞争力不强，获得一份受人尊敬的、薪水丰厚的正式工作的可能性低。特别是我国自 1999 年高等教育扩招以来，大众化教育取代了精英教育，大量的高学历毕业生超过了我国实际经济发展对高学历毕业生的需求。同时，与受教育水平较低的个体相比较，中等受教育水平个体在所接受的教育年数、所拥有的理论知识和专业技能方面并不占有很强的优势，他们目前的薪水及社会地位都较低的工作很有可能被更低学历个体所顶替。由于大部分中等受教育水平个体创业的潜在收益较高而机会成本低，所以，这部分个体创业的可能性较大。

对于仅接受了小学及以下学历的个体而言，他们基本不拥有什么理论知识，也不拥有一技之长和专业知识；因此，他们拥有的人力资本较少，劳动生产率较低；与接受中等受教育年数的个体相比较，他们在劳动力市场的竞争中，处于劣势地位。同时，Spence（1973）认为，教育具有信号功能，即：生产率高的个体和生产率低的个体的学习能力是不一样的。生产率低的个体，由于学习能力差，从而只能接受较少年数的教育。老板可以通过个体受教育水平的高低来辨别出低劳动生产率个体和高劳动生产率个体，从而倾向于雇佣接受更高教育年数水平的个体。但是，如果受教育年数较低的个体选择创业，则他们会处于更加不利的地位。因为他们缺乏基本的阅读和理解能力，认知能力只能发展到一定水平，在理解用户需求、开发创业项目、迸发创意、选择创业合作伙伴等方面的能力都较差，所以，他们与一名成功的创业个体所要求的能力相去甚远。创业不仅要求个体具备最基本的专业知识和专业技能，还要求个人拥有良好的协调人际关系的能力、具备挑选好的创业项目的能力和管理、运作项目的能力，这些都是学历水平较低的个体所不具备的。所以，尽管受教育程度较低的个体从事创业的机会成本较低，但他们若创业，很可能亏损的前景使得这一部分个体创业的可能性也很小，因此，他们更有可能选择的是为他人工作而不是自己当老板。

所以，本书提出假设 1：在中国，受教育程度对创业倾向的影响是"倒 U 型"的，中等受教育程度个体创业的可能性最大，而受教育程度较低和较高个体的创业可能性较小。

2.2 受教育水平对中国居民老板型创业倾向 影响的理论分析

个人可以不工作而选择创业，成为个体经营者。个体经营者既可以雇佣其他个体，也可以不雇佣其他个体；即他既可以从事老板型创业，也可以从事自雇型创业。所以，个体若从事老板型创业，其机会成本既有可能是他从事自雇型创业所获得的收入，也有可能是他选择工作所获得的收入。但大部分学者都认为，个人选择自雇型创业是由于该个体在劳动力市场上不能找到一份满意的工作、被迫退而求其次的选择。Earle Sakova（2000）认为，个人进行自雇型创业是因为极度贫穷的个体没有能力找到一份正规工作，从而不得不寻找一份仅能谋生糊口的职业。Mandelman 等（2009）也持与之类似的观点，他认为，低素质个体在劳动力市场上找到一份工作的机会比较少，从而不得不进入生产率低且几乎停滞的落后部门从事创业。Eric Hanley（2000）认为，自雇个体的社会经济地位（收入、资产）与普通工人相差无几；Besnik A. Krasniqi（2014）认为，因为缺少工作机会，个体不得不从事收入水平较低、风险较大且社会地位较低的行业从事自我雇佣；André van Stel 等（2013）认为，收入水平与自雇型创业的可能性负相关，收入水平较高的个体，从事自雇型创业的可能性较小。以上学者的观点说明，自雇型创业获得的收入很低。由于中国的很多创业集中在服务部门中低技能、不熟练的领域（Wang，2007）；所以，在我国，以"摆地摊"、卖报纸、经营店面为表现形式的自雇型创业个体的社会地位低、收入不稳定且收入极低。在这种情况下，自雇型创业个体如果有希望拥有一份正式工作，那么他们很可能从自雇型创业者变为上班族中的一员。所以，本书认为，个体进行老板型创业的机会成本是因为他从事老板型创业、不能工作而失去的工作所带来的收入及社会地位。

对于受教育程度较高的个人而言，进行老板型创业并不是一个有吸引力的选择，他们更愿意在工资部门上班。受教育程度较高的个体从事老板型创业的潜在收入低。与自雇型创业个体相比，老板型创业个体的经营规模更大，承受的风险更大，面临更加复杂的人际关系，需要耗费更多的精力；而高学历个体把大把的时间花在学校里面，学到的更多的是基础理论和逻辑推理能力，而不是创业实践能力；他们开发产品、市场运作、经营管理的实践经验几乎没有。故受教育程度较高的个体挑选到风险小、回报较高的创业项目及创业成功的可能性是比较低的，从而进行老板型创业的潜在收入低。另外，因为老板型创业的规模较大，所以受教育程度较高的个体进行老板型创业的潜在成本比较高。这样，受教育程度较高个体进行老板型创业的潜在收益就低。但是，接受更高教育程度的个人存在更高的进行老板型创业的机会成本。根据人力资本理论（Human Capital Theory）及信号理论（Signal Theory），受教育程度较高的个体在劳动力市场上的竞争力较强，成功选择一份好工作的概率较大。受教育程度较高的个体在工资部门更有可能得到好的工作机会（Vander Sluis et al.，2008；Brown et al.，2011a），且作为上班族的一员，他们会得到较多的收入及在正规部门、大公司工作所带来的社会地位。由于受教育程度较高的个体进行老板型创业的潜在收益少而机会成本很高，这部分个体更有可能选择工作而非进行老板型创业。

中等受教育水平的个体具备了一定的理解、阅读、分析、思维及认知能力，且由于他们较早踏出校门进入社会，使得他们具有丰富多样的人生阅历和经验。小到当一名打工仔、摆地摊、开店，大到承包工程、项目等摸爬滚打的经历使得相当一部分中等受教育水平个体有一定的管理能力和创业实践能力；他们能够识别创业机会、选择好的创业项目、经营好的创业项目，也能够成功地处理创业中的各种人际关系，从而进行老板型创业的潜在收入大。而且，这部分个体创业的进入成本较低使得他们的创业的潜在成本也低，Lofstrom 和 Bates（2013）发现，教育水平较低的个人更有可能在进入成本小的项目上从事创业。由于他们进行老板型创业的潜在收入大而潜在成本低，故中等受教育水平的个体进行老板型创业的潜在收益较高。但是，对于中等受教育水平的个体，其进行老板型创业的机会成本低（Von Greiff，2009）。与受教育水平较高的个体相比较，中等受教育水平个体的受教育年数较少。他们不具有高学历个体所具备的较深的理论知识，也不具有高学历个体所掌握的较熟练的专业技能；所以，他们在劳动力市场上的竞争力不强，获得一份受人尊敬的、薪水丰厚的正式工作的可能性是非常低的。同时，与受教育水平较低的个体相比较，中等受教育水平个体在所接受的受教育年数、所拥有的理论知识和专业技能方面并不占有很强的优势，他们从事的工作很有可能被更低学历个体所顶替。由于大部分中等受教育水平个体进行老板型创业的潜在收益较高而机会成本低，所以，这部分个体进行老板型创业的可能性较大。

对于仅接受了小学及以下学历的个体而言，他们基本上不能拥有一份好的工作。他们基本不拥有什么理论知识，也不拥有一技之长和专业知识；因此，他们拥有的人力资本较少，在劳动力市场中的劳动生产率较低；他们即使在与仅接受中等受教育年数的个体在劳动力市场上的竞争过程中，都处于劣势。同时，根据 Spence（1973）的研究，教育具有信号功能，即：生产率高的个体和生产率低的个体的学历能力是不一样的，生产率低的个体，由于学习能力差，从而只能接受较少年数的教育。老板可以通过个体受教育水平的高低来辨别出低劳动生产率个体和高劳动生产率个体，从而倾向于雇佣接受更高受教育年数水平的个体。但是，如果他们选择进行老板型创业，则他们会处于更加不利的地位。因为他们不能通过深度思考去发现洞察、捕捉市场机会，也不具备最基本的知识去选择、经营创业项目，去处理老板与员工、老板与外界、员工之间等各种复杂的人际关系，去承担各种风险。所以，受教育水平很低的个体基本上不会从事老板型创业。尽管受教育程度较低的个体从事老板型创业的机会成本极低，但由于他们从事老板型创业很可能亏损，这使得他们进行老板型创业的可能性很低。

所以，本书提出假设 2：在中国，受教育程度对老板型创业倾向的影响呈"倒 U 型"特征，中等受教育程度个体从事老板型创业的可能性最大，而受教育程度较低和较高个体从事老板型创业的可能性较小。

2.3 受教育水平对中国居民自雇型创业倾向影响的理论分析

个人若不工作而选择创业，就会成为个体经营者。个体经营者既可以属于老板型创业，也可能属于自雇型创业。老板型创业具有更大的规模使得其收入一般高于自雇型创业所获得的收入，所以，一个人如果有能力进行老板型创业，则一般不会从事自雇型创业。由于个人从事自雇型创业所放弃的很可能是他工作所得到的收入，而不是老板型创业所获得的收入。所以自雇型创业个体的机会成本是他选择工作所获得的收入。

对于受教育程度较高的个人而言，进行自雇型创业并不是一个有吸引力的选择，他们更愿意在工资部门上班。主要原因是自雇型创业的潜在收入低，且高学历的自雇型创业者不能享受到在正式部门上班所能享受到的各种福利、保险及非货币化收益（假期等）。反之，由于受教育程度较高的个体在工资部门更有可能得到好的工作机会（Vander Sluis et al.，2008；Brown et al.，2011a），且作为上班族的一员，他们会得到较多的货币收益及非货币收益。由于受教育程度较高的个体进行自雇型创业的潜在收益少而机会成本很高，这部分个体选择自雇型创业的可能性很低。

中等受教育水平的个体具备了一定的理解、阅读、分析、思维及认知能力，且由于他们较早踏出校门进入社会，使得他们具有丰富多样的人生阅历和经验。他们基本上能够从事各种自雇型创业项目，也能够成功地处理创业中的各种人际关系，从而他们进行自雇型创业的潜在收入大。而且，这部分个体从事自雇型创业的进入成本较低使得他们创业的潜在成本也低，Lofstrom 和 Bates（2013）发现，受教育水平较低的个人更有可能在进入成本小的项目上从事创业。由于他们进行自雇型创业的潜在收入大而潜在成本低，故中等受教育水平个体进行自雇型创业的潜在收益较高。但是，对于中等受教育水平的个体，其进行自雇型创业的机会成本低（Von Greiff，2009）。与受教育水平较高的个体相比较，中等受教育水平个体的受教育年数较少。他们不具有高学历个体所具备的较深的理论知识，不具有高学历个体所掌握的较强的专业技能；所以，他们在高层次劳动力市场上的竞争力不强，获得一份受人尊敬的、薪水丰厚的正式工作的可能性是非常低的。同时，与受教育水平较低的个体相比较，中等受教育水平个体在所拥有的专业技能等方面也不存在明显的优势。由于大部分中等受教育水平个体进行自雇型创业的潜在收益较高而机会成本低，所以，这部分个体进行自雇型创业的可能性较大。

对于仅接受了较低受教育年数的个体而言，由于加入 WTO（世界贸易组织）后，我国大力发展劳动密集型产业，特别是 2003 年在沿海地区爆发的"民工荒"，之后扩展到北方内陆、中部乃至全国的现象，说明我国对非技术性劳动力的需求增大。2003~2007 年，中国经济增长速度连续 5 年超过 10%，这需要更多的非技术劳动者。与非技术劳动者短缺相伴随的是工资水平迅速上升：农民工的月工资从 2002 年的大约 600 元，持续上升到 2008 年的约 1700 元。[1] 受教育年数较低的个体进行自雇型创业的机会成本大。但是，如果他们选择进行自雇型创业，则他们会处于不利的地位。一方面是因为他们自身的素质比较低，另一方面是因为近年来，房屋租金上涨、水电费价格上涨使得营商环境恶化。所以，受教育水平较低的个体从事自雇型创业的可能性很小。

所以，本书提出假设 3：受教育程度对中国居民自雇型创业倾向的影响呈"倒 U 型"特征，中等受教育程度个体从事自雇型创业的可能性最大，而受教育程度较低和较高个体从事自雇型创业的可能性较小。同时，由于下面的两个原因，使得我国老板型创业可能性最大的受教育年数与自雇型创业可能性最大的受教育年数差别不大。第一，在我国，由于个体户作为创业的主要形式，个体户的平均雇佣人数大约为 2 人[2]，考虑到若某个人从事自雇型创业，那么，一般会有 1 个以上的家庭成员免费提供帮助这一状况，说明就总体而言，我国老板型创业的规模和自雇型创业的规模相差不大；相对于与自己规模相差不大

---

① 吴要武，赵泉. 高校扩招与大学毕业 [J]. 经济研究，2010（9）：93.

② 截至 2013 年 2 月，中国实有个体工商户约 4060 万户，从业人数约 8000 万人 [EB/OL]. http：//baike. baidu. com/link?url = 5eTMNkqZaKyuhWNEHr71sVUFS0jreIXeBbtqA2uCO4XuiMLcPc4QknKGyU99mKHH7hFl2W0iEIa3eOdBULbz-q.

的自雇型创业，老板型创业个体就不额外需要接受更高教育水平。第二，我国大多数创业集中在服务部门中低技能、不熟练的领域（Wang，2007），与个人的受教育程度相比，创业更多地依赖于个人经验与处理人际关系的能力（刘瑶，2012）。我国的老板型创业与自雇型创业一般都处于技术水平较低的行业，这也使得老板型创业个体并不需要接受更高的教育水平。

2.4　受教育水平对创业倾向影响地区差异的理论分析

创业活动的产生是机会和能力、可获得资源合成的结果。Baron 和 Shane（2005）指出，创业的本质是有价值的机会和富有创业精神的个体之间的结合。机会表现为技术、经济、政治、社会和人口变化产生、创造新事物的潜力，个体所需要的能力是包括实践智能、分析智能、创造职能和社交职能的成功职能。Evans 和 Leighton（1989）认为，个人是否决定成为创业者与可获得资源的可能性呈正比。可见，在个体层面，机会、能力和可获得资源是驱动创业生成的关键因素。折射到区域层面，创业生成的多寡成因则需要分析区域在机会、创业人力资本和支持创业的资源的供给程度。

市场需求增长会带来创业机会为那些具有识别和开发机会能力的人们通过创业获取利润提供可能。产业结构的变化有利于地区创业的发展。一般地，创业活动在服务业容易产生，因为与制造业相比，服务业，尤其是传统服务业，具有初创投资少、规模小、经营灵活、门槛低、见效快等特点。所以，往往地区从制造业向服务业的转移会带来一定的创业机会。人力资本理论认为，知识能提高个体认知能力，产生效率更高、产出更多的社会活动。正规教育是提升个体人力资本的最有效手段。Moog P.（2002）认为，接受良好教育或在工作中积累丰富经验的个体，在获取、评估和利用信息方面的能力更强，更容易识别商机，他们组织和管理企业更为有效，并且信用评估会较高，更容易从银行、创业投资者或私人那里融资，使得他们更有可能通过创业开发商业机会。失业对创业有双重影响，失业既带来创业机会、驱动个体创业，也减少市场对产品和服务的需求，减少创业机会，减少个人创业的积极性。创业需要一定的资本，Blanchflower 和 Oswald（1998）通过调查发现，大部分小企业起步时不是依靠银行借贷，而是自有或家庭的金钱。由于我国的地理面积较大，且各个地区的经济发展程度、文化传统、创业环境等方面存在较大差异，因此，各个区域在影响创业的市场需求增长、产业结构的变化、失业程度、人力资本、私人财富等方面存在不同。

所以，本书提出假设 4：受教育水平对创业的影响存在地区差异。

2.5 受教育水平对创业收入影响的理论分析

汪海粟（2014）认为，我国的创业 90%集中于批发、零售、餐饮等低技能的传统的服务业。同时，赖德胜（2009）认为，我国工商户的平均雇佣人数大约为 2 人，这说明，我国老板型创业的雇佣人数并不多，且规模不大。由于这两个方面的原因，本书认为，与较低受教育程度个体相比，较高受教育程度个体在传统服务业中进行老板型创业并不具备多少优势，并不能获得更多的创业收入。

所以，本书提出假设 5：在我国，受教育水平对老板型创业个体的创业收入无显著影响。

Wang（2007）认为，我国大多数创业集中在服务部门中低技能、不熟练的领域；刘瑶（2012）认为，与个人的受教育程度相比，国内创业更多地依赖于个人经验与处理人际关系的能力。以上两位学者的观点说明，在我国，自雇型创业更多集中于低技能、不熟练的行业。所以，与较低受教育程度个体相比，较高受教育程度个体在低技能、不熟练的操作技能的掌握上并不占据优势。另外，由于自雇型创业的经营规模不存在复杂的生产过程，也不涉及复杂的人际关系，所以，与较低受教育程度个体相比，较高受教育程度个体在生产过程的管理及人际关系的处理上也不占有优势。

所以，本书提出假设 6：在我国，受教育水平对自雇型创业个体的创业收入无显著影响。

3 受教育水平对中国居民创业倾向影响的实证分析

3.1 数据与变量

3.1.1 数据

本书使用的数据来自"中国健康与营养调查"（CHNS），它是由美国北卡罗来纳大学和中国预防科学医学院联合调查和创建的。该调查迄今为止已进行并整理完成了9次，其中1989~2009年的8次调查包括辽宁、黑龙江、江苏、山东、河南、湖北、湖南、广西和贵州9个省份，2011年，调查地区又增加了北京、上海、重庆3个直辖市。CHNS数据的调查采用多阶段分层整群随机抽样方法，每次调查大约访问200个的城乡社区（包括城市的街道居委会和农村村委会），每个社区大约访问20个家庭，共4000户左右的家庭，城乡比为1∶2。样本对全国总体有一定的代表性，并包含了人口统计学特征、职业状况、职业类型、家庭小手工业和小型家庭商业等方面的丰富信息。目前可以得到1989年、1991年、1993年、1997年、2000年、2004年、2006年、2009年以及2011年的9次调查数据。

由于存在多重共线性，在加入2011年的数据进行回归分析时，Stata会自动省略相关核心解释变量（2011年与受教育年数的交叉项 $t11 \cdot edu_{it}$），这不

利于本书的研究，所以本书就没有使用 2011 年的数据。本书仅使用 2000～
2009 年 4 个受调查年度（2000 年、2004 年、2006 年、2009 年）的面板数据
进行分析。

为了更好地考察受教育程度对创业倾向的影响，本章采用如下的方法建立
面板数据。以"1997 年 18～60 岁个体"为样本，并采用这些个体在 2000 年、
2004 年、2006 年、2009 年的数据建立面板数据；以"2000 年 18～60 岁个体"
为样本，并采用这些个体在 2004 年、2006 年、2009 年的数据建立面板数据；
以"1997 年 18～60 岁未创业个体"为样本，并采用这些个体在 2000 年、2004
年、2006 年、2009 年的数据建立面板数据；以"2000 年 18～60 岁未创业个
体"为样本，并采用这些个体在 2004 年、2006 年、2009 年的数据建立面板数
据；然后通过使用面板 Logit 随机效应模型来考察受教育水平对创业倾向的
影响。

参照相关文献的通行做法，本书在数据的选取上采用如下几点标准：扣除
年龄不在 18～60 岁的个体，以便将样本集中于成年劳动力这个群体；个体的
个人信息如年龄、婚姻状态、性别和文化程度等存在数据缺失的将不予保留
（Zhao，1999a）。出于数据的原因，没有考虑健康因素。

3.1.2 因变量：创业（自我雇佣）

自我雇佣有不同的定义。经济合作与发展组织（OECD）对自我雇佣的定
义是，个人为了利益而从事某项工作，包括老板、生产产品或家庭消费品的自
营工作者。ILO 和 UN 出版的数据认为，自我雇佣者包括两类：老板和自营工
作者。老板指经营自己的企业或者独立从事专业、贸易职业并雇佣一个或多个
工人，自营工作者指经营自己的企业或者独立从事职业但没有雇员。大部分以
官方数据为基础对自我雇佣的定义与 ILO 对自我雇佣的定义近似。不同的学者
对自我雇佣也有不同的定义，Borjas 和 Bronars（1989）、Bernhardt（1994）对
自我雇佣的定义不考虑农业部门。Brock 和 Evans（1986）、Bernhardt（1994）
将专业工作者（医生、牙医、律师等）、兼职从事自我雇佣的个体和代理商等
排除在自我雇佣之外。Evans（1989）将外来移民中没有雇佣他人的老板排除
在自我雇佣之外。总之，大部分对自我雇佣的定义都将为自己工作、为他人的

帮助支付报酬或者不支付报酬的就业行为视为自我雇佣。

从广义上说，创业（Entrepreneurship）与自我雇佣（Self-employment）的含义相同，任何为自己工作而不为他人工作的就业形式都可以称为创业（修晶，2006），经济学家一般都把自我雇佣称为创业（卢亮等，2014）。自我雇佣指的是为自己而不是为他人工作的就业形式，正如 Steinmeta 和 Wright（1989）所说，"自雇业者是指那些通过自己的劳动获取部分或全部的收入，而非出卖自己的劳动给雇主以获取工资的人"。一个自雇的个人可以是单独工作，也可以是拥有一个小企业、雇佣他人工作（Zhang and Zhao，2011）。因此，一些研究者互换着使用自我雇佣和创业的概念，尽管受到了一些挑战，比如：Bjuggren 等（2010）。但是本书仍沿袭诸多文献（Parker，2004；Baptista et al.，2006；Verheul et al.，2006；Thurik et al.，2008；Faria et al.，2010）的做法，将创业视之为自我雇佣，并在文献中互换着使用创业和自我雇佣的概念。

本书对创业（自我雇佣）的衡量来自受访者调查时点的职位类型。关于职位类型，CHNS 将受访者分为七类：①有雇工的个体经营者；②无雇工的个体经营者（包括农民）；③为他人或单位工作的长期工（包括各级企事业，大、中小集体企业，集体农场，私人企业）；④为他人或单位工作（合同工）；⑤临时工；⑥领取工资的家庭工人；⑦无报酬的家庭工人。借鉴 Wang（2012）对创业的定义，如果一个人汇报他的主要职业是自我雇佣，那么，我们就视这个人在创业。据此定义，对于城镇居民，我们将①、②定义为创业（自我雇佣）；但对于农村居民，我们仅将①定义为创业（自我雇佣），无雇工的自我经营不应被视为创业。因为从历史上，传统农业本身就是一种仅仅依靠家庭内部劳动力经营为主的就业，这种就业不应该视为创业（自我雇佣）。所以，对于农村居民，仅将①视为创业（自我雇佣），这也与 Mohapatra 等（2007）的定义保持一致。由于本章主要考察个体在创业与工作之间的选择问题，且由于"无报酬的家庭帮工"在受调查对象中所占的比例很小，所以，我们就剔除了⑦。若个体是创业个体，则被解释变量 entre$_{it}$ 取值 1；若个体是非创业个体，则 entre$_{it}$ 取值 0。据此定义，"1997 年 18~60 岁个体"在 2000 年、2004 年、2006 年、2009 年，创业个体与全部个体之比分别为 13.85%、12.43%、12.77%、11.36%；"2000 年 18~60 岁个体"在 2004 年、2006 年、2009 年，创业个体与全部个体之比分别为 11.35%、11.34%、10.82%。

关于中国的创业问题，近年来大量的官方文件及学术文献出现了"全民创业"概念。"全民创业"这一概念最早出现在 2007 年 5 月 21 日广东省第十次党代会报告中。起草广东省第十次党代会的参与者对"全民创业"的解释为：人人干事创业，百姓创家业、能人创企业、干部创事业，在劳动、做事中发挥自己的聪明才智。所以，"全民创业"中的创业并不是传统意义上的开公司、办企业，而是有事做、做事业。因此，本博士论文中的创业与"全民创业"中创业的含义是不相同的。

3.1.3　核心解释变量

在创业对受教育年数的回归方程中，我们设置了年度虚拟变量与受教育年数的交叉项（$t \cdot edu_{it}$）、年度虚拟变量与受教育年数平方的交叉项（$t \cdot edu_{it}^2$）。以 $t \cdot edu_{it}$ 与 $t \cdot edu_{it}^2$ 为核心解释变量，我们预测 $t \cdot edu_{it}$ 的符号为正，$t \cdot edu_{it}^2$ 的符号为负，即受教育年数与创业可能是"倒 U 型"函数关系：在某一受教育水平之前，随着受教育年数的增加，创业的可能性变大；当受教育年数达到这一水平时，创业的可能性最大；在这一水平之后，受教育年数的继续增加会减少创业的可能性。

1997~2009 年，正是中国对内逐步深化改革，对外加快开放的转型时期。在长达 13 年的转型时间中，发生了重大的具有深远意义的事件。例如，1997 年 9 月，在党的第十五次全国人民代表大会上，江泽民在报告中对传统的公有制理论做了重大修正，首次提出了"混合所有制"的概念，非公经济已经不仅仅是公有制的"补充"，而是"重要的组成部分"，私有部门在 1997 年的中国共产党第十五届全国代表大会第一次会议上被提升到和国有部门一样的地位；十五大报告还提出国有企业"抓大放小"问题，"抓好大的，放活小的，对国有企业实施战略性改组"。1999 年的宪法修正案对宪法第十一条做了重要修改，规定"在法律规定范围内的个体经济、私营经济等非公有制经济，是社会主义市场经济的重要组成部分"，"国家保护个体经济、私营经济的合法的权利和利益"。至此，从法律上，个体和私营经济从社会主义经济的"补充"地位上升到"重要组成部分"。1999 年宪法修正案从制度上为个体经济的存在和发展提供了更加有力的保障。非公有制经济法律地位的确立，为私有经济的发展提供了较为宽松的制度环境，越来越多的人利用扩张了的市场机会来发家致富，使中国的非公有制经济尤其是个体私营经济迅速发展。2001年11月中国加入世界贸易组织（WTO），这是顺应经济全球化的重大举动，具有里程碑的意义。开放促进了改革，"入市"使中国一大批同市场经济一般规则相抵触的法律法规和政策得以废止和修改。这掀起了我国的第三次创业浪潮，即伴随新经济的发展，以大量留学人员回国创业为特征的"海归"创业（辜胜阻等，2009）。2003年，我国出台了《中小企业促进法》，促进了私营经济发展和中小企业成长，激发了国民的创业热情。2004年3月14日，十届全国人大二次会议审议通过了第四次宪法修正案，"公民的合法私有财产不受侵犯""国家尊重和保护人权"等内容写入宪法。从宪法层面给予了国家和个人财产同等的保护，它适应了保护私有财产的客观需要，有利于激励个体创造财富，这使得创业热情高涨。自2004年开始，国务院就实行了减征或免征农业税的惠农政策。2005年末，国家最高权力机关依法废止农业税条例，使免除农业税的惠农政策以法律形式固定下来。废止农业税条例，使解决"三农"问题步入了一个新的历史起点。2007年，《物权法》的颁布，从法律层面给予了国家和个人财产同等的保护，明确界定和保护了私有产权，有利于激励个体创造财富，创业热情高涨。2008年，"国际金融危机"爆发，使得潜在创业者害怕失败的比例大幅度上升，创业意愿认知和创业机会认知呈大幅度下降。

这些具有深远历史意义的事件使得这13年的不同阶段具有各自不同的特征，因此对创业也有其不同的影响。为了反映这些具有深远历史意义事件的不同转型阶段对创业可能性的影响，为了反映核心解释变量的时期效应，并考察时期效应随时间变化的改变程度，借鉴周京奎（2014）和Wu（2006）的方法，本书引入了年度虚拟变量与受教育年数的交叉项（$t \cdot edu_{it}$）及年度虚拟变量与受教育年数平方的交叉项（$t \cdot edu_{it}^2$）。这样，对于某一受调查年度，受教育水平对创业可能性的影响就可以通过年度虚拟变量与受教育年数的交叉项（$t \cdot edu_{it}$）及年度虚拟变量与受教育年数平方的交叉项（$t \cdot edu_{it}^2$）前的系数及显著性来判断。

3.1.4 控制变量

参照 Wang（2012），本书将性别（gender）、年龄平方（age_{it}^2）作为控制变量。除此之外，为了控制能力（$ability_{it}$），本书还将经过 CPI 调整后的收入（$income_{it}$）作为控制变量。为了方便比较不同年份的收入水平，书中的人均收入以 2009 年不变价格来衡量。

性别（gender）。研究性别和自我雇佣关系的大量实证研究的一个主要观点是：相对于男性而言，女性的创业倾向较低（Verheul et al.，2012；Fritsch and Sorgner，2013；Klyver et al.，2013；Koellinger et al.，2013）。Co 等（2005）的研究结论是一个例外。从理论的视角，有几个机制在起作用。第一，一个已经确立的事实是，女性相比于男性而言，更加规避风险（Dohmen et al.，2011）。因此，女性一般不太乐意从事自我雇佣；并且，当她们从事自我雇佣时，在投资的数量和职业选择上，会采取更加谨慎的策略（Stefanovic and Stošic，2012）。第二，女性和男性在不同的部门各占据优势，大量的女性拥挤在服务业和贸易部门（Müller and Arum，2004；Vejsiu，2011）。由于在服务和贸易部门进行自我雇佣的可能性很小，所以，女性进行自我雇佣的比例较小。第三，女性和男性在工资部门有不同的工作满意度。根据阶层流动理论，具有较高人力资本、社会资本和金融资本的个人，当他们对自己工作的某些方面不满意时，很可能转向自我雇佣，以改变他们目前的处境（Budig，2006）。歧视理论提出了分析的根据。在这个案例中，女性的自我雇佣率高于男性，这对女性是有利的。在工资部门中，老板倾向于招收男性员工，这使得女性选择自我雇佣作为"避风港"（Rosti and Chelli，2005；Williams，2012）。

年龄（age_{it}）。考虑到年龄是自我雇佣的一个解释因素，理论文献对此进行强调以支持两个主要观点：①年龄对自我雇佣有正向的影响。②年龄对自我雇佣的正向影响有一个上限；当年龄超过这个上限时，年龄变大，则自我雇佣的可能性变小。综合考虑这两个方面的作用，则年龄和自我雇佣之间的关系是"倒 U 型"的。

我们提出三个理由来证明为什么年龄对自我雇佣有正向的影响。第一，平均说来，年龄较大的个人拥有进入自我雇佣的大量重要的资源。比如，他们积累了更多常见的和具体的人力资本（Calvo and Wellisz，1980）、金融资本（Van Praag and Van Ophem，1995；Cahill et al.，2013）和社会资本。社会资本包括更加多样化和高密度的人际关系。第二，年龄越大，则越想从事更加灵活的工作，这两者之间是正相关关系。这很可能是因为存在部分改变自己或者有限的健康状况，后者让个体不可能从事全职工作（Karoly and Zissimopoulos，2004；Cahill et al.，2013）。第三，上班会面临强制性的退休，自我雇佣可以推迟他们离开劳动力市场（Giandrea et al.，2008；Kerr and Armstrong-Stassen，2011；Solinge，2012）。这与 Cahill 等（2006，2013）提供的理由相一致。他认为，存在相当的一部分年龄大的个体处于以主要职业与最终劳动市场强制辞退之间的"桥梁工作"的形式就业。反过来，一些其他的重要理由认为，年龄到了一定程度，就会对自我雇佣有负面影响。原因在于，年龄越大越有更高的风险规避水平；通常与自我雇佣活动相伴随的、由于长时间工作和压力状况导致的健康处于低水平、精神处于紧张的状况；只拥有较短的时期回收最初在自我雇佣上的投资（Hintermaier and Steinberger，2005）。

在实证研究中，通常在计量模型中设定年龄和年龄的平方项来检测年龄对自我雇佣可能性的非线性影响。这些实证研究为年龄与自我雇佣可能性非线性影响提供了很稳健的支持（Caliendo et al.，2011；Baumann and Brändle，2012；Fritsch and Sorgner，2013）。所以，我们在回归方程中考虑了年龄的平方项（age_{it}^2）。

收入（$income_{it}$）。Anh T. Le（1999）认为，工人薪水可能通过个人收入和最低工资影响自我雇佣。经济学文献强调了在家庭财富与进入自我雇佣两者之间有正相关关系（Evans and Jovanovic，1989；Evans and Leighton，1989a；Meyer，1990）。导致两者之间呈正相关关系是因为与经济活动需要大量的初始投资均相关的两个原因：①自我雇佣需要拥有资金；②更多的财富意味着更多的担保，这增加外部融资的可能性。对此，Elston 和 Audretsch（2011）、Kerr 和 Nanda（2011）提供了较详细的讨论。大量的实证支持了上述观点（Johansson，2000；Holtz-Eakin and Rosen，2005；Demirgüc-Kunt et al.，2009；Zissimopoulos et al.，2009）。Mohapatre 等（2007）强调家庭财富对自我雇佣有显著的正向影响，但影响较小；家庭财富增长 4%，仅导致自我雇佣的可能性增长 1%。如果金融市场比较落后，获得资本和财富对于一个人开办自我雇佣则是一个重要的决定因素。个体的财富状况对于他们的创业活动是一个重要的决定因素（Holtz-Eakin, Joulfaian and Rosen, 1994; Hurst and Lusardi, 2004），这是因为开办企业通常要求大量的资本。在发达国家，因为金融市场上的信息不对称，个体也很难获得外部资金，因此，有创业意愿的个人不得不依赖他们自己的收入或财富来满足开办企业所面临的财富需求。在中国，金融市场远比发达国家落后，因此，个人不得不更加地依赖他们自己的收入来开办企业。Yueh（2009）认为，收入增加自我雇佣的可能性。Anne Laferrere 和 Peter Mcentee（1999）认为，大部分的文献专注于流动性的作用，关注个人获得对创业起重要作用的物质资本的能力。面临流动性约束意味着要么创业者不能在企业的开办阶段设立一个企业，要么不得不在企业的经营阶段使用非最优的资本数量。因此，人们普遍认为，不能融资约束了创业。Evans 和 Jovanovic（1989）使用调查得到的 1966~1981 年的面板数据，设立了在流动性约束下的创业模型。研究发现，当开办一个企业时，创业者仅使用他们初始财富的 1~1.5 倍的资本数量；这意味着这样一个事实，拥有更多财富的个体有更高的创业可能性，拥有不充足资本的个体，其创业的可能性较小。Evans 和 Jovanovic（1989）使用美国的年轻男性全国调查得到的 1966~1981 年面板数据和 1968~1987 年的人口调查数据，研究发现，净财富增加，自我雇佣的可能性增加，这再次说明了个体在创业和工作之间进行选择时，面临流动性约束。

教育（edu_{it}）。有许多因素影响创业，但就像 Le（1999）所说的，理论上，所受到的教育是一个主要的决定因素。教育对自我雇佣的影响还没有定论。理论上，存在几个对立的观点。拥有较高受教育程度的个体更有可能选择一份工作而不是创业。受教育程度较高的个体在工资部门有更好的工作机会（Van der Sluis et al., 2008; Brown et al., 2011a），他们选择一份工作所得收入高于他作为自我雇佣的一员所得到的收入（Lucas, 1978; Parkkinen, 2000; Uusitalo, 2001; Wilkinson, 1981; You, 1995），接受更高教育的个人有更高的离开目前岗位的机会成本（Lu, 2010）。并且，相对于在大公司或公共部门上班，经营小的公司有更高的内生性风险，在这种情况下，相对于自我雇佣所能得到的收入，上班得到的收入更加安全（Aki Kangasharju and Sari Pekkala,

2002)。再者，"学而优则仕"的文化传统使得大部分大学毕业生都愿意到政府部门、银行、国家办的事业单位、外资单位或出国留学。但是，高学历个体也有可能更倾向于创业。原因包括：①平均来说，更有能力识别自我雇佣机会，教育帮助人们觉察经济机会（Schultz，1980）。②有更强的管理能力，这是创业能够成功的关键前提条件（Lucas，1978；Calvo and Wellisz，1980）。Lucas（1978）、Van Praag 和 Cramer（2001）所建立的模型显示，教育产生更高水平的企业家能力，从而导致更高的企业家业绩。③对于刚开始创业的个体，高学历可以被资源提供者视为一个彰显个人能力的积极信号。教育不仅对 Mincer 所指的提高生产力会产生积极影响，而且教育也被视为是不完全信息劳动力市场上生产能力的一个信号（Spence，1973；Riley，2002）。即使正规教育获得的知识和技能与创业没有直接关系，但是，学习成绩依然可以显示个人志向、成就动机、耐久力和他们的社会背景。正规教育让人们获得知识和技能，拥有批判性思维，具备交流和协作的能力，获得他人认可的证书，让他人识别有野心和自信的创业个体。对于西欧国家和匈牙利，因为教育对自我雇佣的影响可能并不是线性的（Luber et al.，2000；Robert and Bukodi.，2000），受教育年数的平方就进入了方程。

户籍（hukou$_{it}$）。户籍是官方对居住在城市的许可，并且是获得多种类型工作及社会福利的必需条件。户籍制度设计的初衷是控制一个国家内居民的流动（Chan and Zhang，1999），如果一个农村户口的居民想移居到城市并在城镇部门上班，他必须获得相关部门的批准。每一个居民有一个相应的居住许可，即户口，它赋予这个居民在某管辖地内居住并获得当地公共物品（公共教育和健康）。城市居民，特别是那些在政府部门工作的个人，不仅在城市里面有相应的工作，而且待遇也很好。他们能获得很多的好处，比如廉价房、免费的医疗服务、福利、终身就业及政府的其他补贴。与政府赋予城市居民的权利和利益相比，政府赋予给农村居民的权利和利益少很多（Wu and Treiman，2002）。特别是，他们不能享受廉价房、医疗补贴和其他各种的福利。农民工在城市的工作通常是城市居民不愿意做的工作，包括高强度的劳动、脏的工作，比如建筑、家庭服务和一些自营的服务工作。不仅农民工得到的工作较差，而且即使他们与城市居民在同一企业工作，并承当相同种类的工作，他们获得的收入都很低。户籍制度创造了资源配置的扭曲，增加了中国城市劳动力市场上的不平等（Whalley and Zhang，2004）。

从 20 世纪 80 年代中期以来，因为城市经济的快速扩张和城市部门对农村廉价劳动力的需求增加，户籍制度渐渐放松并且相应的人口流动也慢慢弱化。然而，尽管拥有农村户口的居民可以在城市寻找工作，城市部门的工作机会仍然偏向当地城市户口的居民，流向城市的农村移民在获得城市公共物品方面的机会也有限。比如：政府公共机构和国有企业一般都不对流向城市且不具有城市户口的农村移民提供工作机会，流向城市的农民工绝大部分集中在蓝领行业（Meng and Zhang，2001）。另外，流向城市的农民工也不能得到城市居民所能享受到的住房、医疗、教育补贴等服务。如果农民工想让他自己的孩子在城市上学，他就必须为此支付一笔比当地城市学生高若干倍的相关费用。进入 21 世纪以后，农村个体经济和城镇个体经济的增长出现明显不同的走势。城镇个体经济在短暂回落后继续保持较快的增长势头，而农村个体经济从业人员则大幅下降，由 1998 年顶峰时的近 4000 万人减少到 2004 年的 2000 万人左右，近乎一半的下降（李昆，2010）。

Cai（2000）、Zhao（2005）、Deng 和 Gustafsson（2006）、de la Rupelle（2007）等对中国城乡迁移的制度背景提供了回顾，尤其关注了户口制度。

省份（prov）。因为中国经济结构和创造多样化劳动市场机会的步伐存在较大的区域变化（Xie and Hannum，1996），因此在回归中加入省份虚拟变量来控制区域间创业环境的差别。

时间（time）。由于关键的解释变量是个人层面的变量，因此在回归中加入年份虚拟变量来控制不同转型阶段创业环境的差别。

各变量名称及变量说明如表 3.1 所示。

表 3.1　变量名称及变量说明

变　量	变量名称	变量说明
entre	创业（自我雇佣）	等于 1，如果城镇居民是个体经营者或者农民居民是有雇工的个体经营者
income	个人收入	经过 cpi 调整了的个人收入

续表

变　量	变量名称	变量说明
age^2	年龄平方	个体年龄的平方
gender	性别	二元哑变量，男性为1，女性为0
dip1	小学及以下学历（低学历）	对照组
dip2	初中学历	等于1，如果个体是初中毕业；否则为0（小学毕业为对照组）
dip3	高中及中等职业技术学历	等于1，如果个体是高中毕业或者中等职业技术教育；否则为0（小学毕业为对照组）
dip4	大学及以上学历（高学历）	等于1，如果个体是大学及以上学历；否则为0（小学毕业为对照组）
hukou	户口	等于1，如果个体是城市户口；否则为0
job1	国有企事业单位	等于1，如果个体是政府机关、国有事业、国有企业职工
job2	大集体	等于1，如果个人是县、市、省所属大集体职工
job3	小集体	等于1，如果个人是乡镇企业所属小集体职工
job4	对照组	等于1，如果个人是家庭联产承办农业，私营或个体企业，三资企业职工
edu	个体的受教育年数	个体受教育年数
edu^2	个体受教育年数的平方	个体受教育年数的平方
p1	辽宁省	等于1，如果个体属于辽宁省，否则为0
p2	黑龙江省	等于1，如果个体属于黑龙江省，否则为0
p3	江苏省	等于1，如果个体属于江苏省，否则为0
p4	湖北省	等于1，如果个体属于湖北省，否则为0
p5	贵州省	等于1，如果个体属于贵州省，否则为0
p6	河南省	等于1，如果个体属于河南省，否则为0
p7	湖南省	等于1，如果个体属于湖南省，否则为0
p8	山东省	等于1，如果个体属于山东省，否则为0
p9	广西壮族自治区	对照组
t00	2000年	等于1，如果是2000年；否则为0
t04	2004年	等于1，如果是2004年；否则为0
t06	2006年	等于1，如果是2006年；否则为0
t09	2009年	等于1，如果是2009年；否则为0

3.2 受教育水平对中国居民创业倾向影响的
计量模型

由于本书的被解释变量——创业只取两个值（创业与不创业），所以在研究受教育程度对创业倾向的影响时，可采用线性概率模型、Probit 模型或 Logit 模型进行估计，但线性概率模型拟合的预测值有可能落在 [0，1] 之外（靳云汇和金赛男等，2011），所以，我们不采用线性概率模型来进行估计。同时，我们也不采用面板 Probit 模型来进行估计。因为在进行面板 Probit 模型的固定效应估计时，由于是非线性面板，所以不能通过组内变化或一阶差分消去固定效应，这样，就不能解决个体效应与解释变量相关性的问题，从而就不能得到系数的一致估计；另外，当 n→∞ 采用 LSDV 法，会出现"伴生参数"问题，即待估计的个体效应 u_i 的个数随之增加，这时，也得不到一致估计。目前，对于固定效应的面板 Probit 模型，尚无解决此伴生参数问题的方法（陈强，2013），所以，我们最终选择用面板 Logit 模型来进行估计。以"1997 年18~60 岁个体"为样本，首先建立创业对受教育年数的回归表达式（3.1）：

$$\text{Pr}(\text{entre}_{it} = 1) = \left[1 + e^{-(\varepsilon + \rho X' + \rho_{23}\text{ability}_{it} + \mu_{it})} \right]^{-1} \tag{3.1}$$

式中，ρ、X 均为行向量，$\rho = [\rho_1，\rho_2，\cdots，\rho_{22}]$，$X = [t00 \cdot \text{edu}_{it} \quad t00 \cdot \text{edu}_{it}^2$ $t04 \cdot \text{edu}_{it} \quad t04 \cdot \text{edu}_{it}^2 \quad t06 \cdot \text{edu}_{it} \quad t06 \cdot \text{edu}_{it}^2 \quad t09 \cdot \text{edu}_{it} \quad t09 \cdot \text{edu}_{it}^2 \quad \text{gender}$ $\text{age}_{it}^2 \quad \text{hukou}_{it} \quad p1 \quad p2 \quad p3 \quad p4 \quad p5 \quad p6 \quad p7 \quad p8 \quad t04 \quad t06 \quad t09]$。$\text{entre}_{it}$ 代表创业决策（如果该个体选择创业，则该变量值为 1；反之，该变量值为 0）。X 包括一系列年度与个体受教育年数的交叉项（$t \cdot \text{edu}_{it}$）及年度与个体受教育年数平方的交叉项（$t \cdot \text{edu}_{it}^2$），同时，参照 Wang（2012），它还包括个体年龄的平方（age_{it}^2）、性别（gender）、户口（hukou_{it}），本书还控制了省份及年份。

由于能力（ability_{it}）不可观测，也不可计量，且由于是采用随机效应而非固定效应对上述方程进行估计，所以，需要采用合理的方式来解决不可观测的能力（$ability_{it}$）带来的计量分析问题。Brown（2010）也认为，在文献中应该更加关注决定创业选择时能力和其他不可观测因素的角色。如果应该将能力包含在方程但事实上没有将能力包含在方程中，就会出现遗漏变量所导致的内生性问题，会导致相关的解释变量系数的估计值不一致。在实践中，一些研究者认为，可以通过在回归方程中包含更多的解释变量来解决不可观测的能力变量所导致的内生性问题（王德文，2008）；Mohapatra 等（2007）通过在方程中包含个体效应 u_i 来控制不可观测的能力；另一些学者（Ohyama，2008；Åstebro et al.，2010；Poschke，2013）认为，应该选择能体现能力的代理变量，比如个人收入来体现个人能力，故我们建立以下的个人收入决定方程：

$$income_{it} = \alpha + \rho X' + \rho_{23} ability_{it} + u_{it} \qquad (3.2)$$

式中，ρ、X 均为行向量，$\rho = [\rho_1, \rho_2, \cdots, \rho_{22}]$，$X = [t00 \cdot edu_{it} \quad t00 \cdot edu_{it}^2 \quad t04 \cdot edu_{it} \quad t04 \cdot edu_{it}^2 \quad t06 \cdot edu_{it} \quad t06 \cdot edu_{it}^2 \quad t09 \cdot edu_{it} \quad t09 \cdot edu_{it}^2 \quad gender \quad age_{it}^2 \quad hukou_{it} \quad p1 \quad p2 \quad p3 \quad p4 \quad p5 \quad p6 \quad p7 \quad p8 \quad t04 \quad t06 \quad t09]$。

将上式稍加变换，得到用向量 X 表示的关于能力的表达式（3.3）：

$$ability_{it} = v + WN' + u_{it} \qquad (3.3)$$

式中，W 为行向量，$W = [w_1, w_2, \cdots, w_{22}]$，$N = [t00 \cdot edu_{it} \quad t00 \cdot edu_{it}^2 \quad t04 \cdot edu_{it} \quad t04 \cdot edu_{it}^2 \quad t06 \cdot edu_{it} \quad t06 \cdot edu_{it}^2 \quad t09 \cdot edu_{it} \quad t09 \cdot edu_{it}^2 \quad gender \quad age_{it}^2 \quad hukou_{it} \quad income_{it} \quad p1 \quad p2 \quad p3 \quad p4 \quad p5 \quad p6 \quad p7 \quad p8 \quad t04 \quad t06 \quad t09]$。

将 $ability_{it}$ 的表达式（3.3）代入式（3.1），整理之后得到不含能力 $ability_{it}$ 表示对受教育年数回归的基准模型（3.4）：

$$Pr(entre_{it} = 1) = [1 + e^{-(\alpha + \Theta X' + \mu_{it})}]^{-1} \qquad (3.4)$$

式中，$\Theta = [\Theta_1, \Theta_2, \cdots, \Theta_{22}]$。

利用基准模型（3.4）考察"2000 年 18~60 岁个体"受教育水平对创业倾向的影响，则在基准模型（3.4）中剔除变量 $t00 \cdot edu_{it}$、$t00 \cdot edu_{it}^2$、t04。

第一，由于数据的问题，在面板 Logit 模型情况下，固定效应估计也会面临伴生参数问题，这时，可找到 u_i 的充分统计量予以解决。Chamberlain（1980）使用 $n_i = \sum y_{it}$ 为 u_i 的充分统计量。但这时将损失所有 $n_i = 0$ 或 $n_i = T$ 的观测值，导致样本容量减少。例如，以"1997 年 18~60 岁个体"作为样本，对于随机效应的面板 Logit 模型，样本观测值为 12721 个；当使用固定效应的面板 Logit 模型时，样本观测值减少为 1081 个。以"2000 年 18~60 岁个体"作为样本，对于随机效应的面板 Logit 模型，样本观测值为 9734 个；当使用固定效应的面板 Logit 模型时，样本观测值减少为 624 个。由于固定效应 Logit 估计损失样本太大，因此本书不能用 Hausman 检验来考察 Logit 模型究竟是采用固定效应估计还是随机效应估计。

第二，在以往的研究中，由于不能量化影响创业的不可观测的"能力"变量，所以，这些研究存在遗漏变量导致的内生性问题。但是，在我们的方程设定中，经过方程设定的变换，回归方程中的个人收入就充分体现了不可观测的"能力"大小；所以，我们方程中就不存在因为遗漏"能力"变量导致的内生性问题，这为我们使用随机效应估计提供了理论依据。

第三，随机效应假设解释变量和异质性之间协方差为 0，否则估计就是有偏的。随机效应的估计量可能是有偏的，但消耗的自由度较小，总是有效的；而固定效应估计总是一致的，但因为固定效应估计产生的自由度损失较大，这样固定效应估计值的有效性就较低。在统计选择上，使用固定效应和随机效应就在有效性和无偏性之间存在一种此消彼长的权衡。使用固定效应估计尽管能得到无偏估计量，但是由于标准误过大，从统计推断的角度，还不如有偏袒有效的估计量提供的信息量多。基于以上 3 个理由，我们在估计时采用随机效应估计。

3.3 实证结果与分析

3.3.1 变量的描述性统计与说明

首先，对"1997 年 18~60 岁个体"在 2000 年、2004 年、2006 年、2009 年创业个体和工薪阶层的相关变量进行描述性统计，相关内容如表 3.2 所示。

表 3.2 创业个体与工薪阶层相关变量的描述性统计

(以 "1997 年 18~60 岁个体" 为样本)

变量	2000 年		2004 年		2006 年		2009 年	
	创业个体	工薪阶层	创业个体	工薪阶层	创业个体	工薪阶层	创业个体	工薪阶层
$\overline{\text{income}}$	7847	7346	9754	9050	13980	12264	29062	18478
$\overline{\text{age}}$	41.26	40.07	43.61	44.15	45.55	45.22	47.10	46.62
man rate	0.50	0.54	0.55	0.54	0.56	0.55	0.59	0.57
dip1	331 (0.47)	1777 (0.40)	144 (0.43)	911 (0.39)	141 (0.42)	873 (0.39)	105 (0.40)	782 (0.38)
dip2	260 (0.37)	1504 (0.34)	127 (0.38)	777 (0.33)	122 (0.37)	731 (0.32)	115 (0.44)	786 (0.38)
dip3	109 (0.15)	948 (0.22)	64 (0.19)	574 (0.24)	66 (0.20)	527 (0.23)	40 (0.15)	400 (0.19)
dip4	7 (0.01)	168 (0.04)	1 (0.00)	104 (0.04)	3 (0.01)	136 (0.06)	3 (0.01)	85 (0.04)
$\overline{\text{edu}}$	6.87	7.68	7.23	7.96	7.24	7.94	7.37	7.78
city hukou	595	818	272	459	267	407	204	339
renkou	707 (13.85)	4397 (86.15)	336 (12.43)	2366 (87.57)	332 (12.77)	2267 (87.23)	263 (11.36)	2053 (88.64)

注：表中包括创业个体和工薪阶层的平均收入水平（$\overline{\text{income}}$）、平均年龄（$\overline{\text{age}}$）、平均受教育年数（$\overline{\text{edu}}$）、城市户口人数（city hukou）、男性比例（man rate）；各学历水平创业个体人数（dip）及每一学历水平创业个体人数在总创业人数中的比例，各学历水平工薪阶层人数（dip）及每一学历水平工薪阶层人数在总工薪阶层人数中的比例；创业总人口及占总人口（renkou）的比例，工薪阶层总人口及占总人口（renkou）的比例。

在表 3.2 中，以 "1997 年 18~60 岁个体" 为样本，考察这些个体在以后受调查年度相应变量的统计特征。结果发现，在 2000 年、2004 年、2006 年，创业个体所获得的收入高于工薪阶层所获得的收入，但是，两者之间没有较大的差别；但在 2009 年，创业个体所获得的收入大幅度地超过工薪阶层所获得的收入，前者约是后者的 150%。在年龄上，创业个体与工薪阶层的平均年龄基本没有差别。在创业个体和工薪阶层中，男性所占比例超过女性。并且，2000~2009 年，男性在创业个体中所占比例与工薪阶层中所占比例逐渐上升。在2000年、2004年、2006年、2009年，创业总人数分别为707人、336人、332人、263人，在总人数中所占比例分别为13.85%、12.43%、12.77%、11.36%。创业总人数在总人数中所占比重有慢慢下降的趋势，表明随着时间的推移，创业的活跃度略有下降。并且，上述四个受调查年度中，城市创业人数分别为595人、272人、267人、204人，占总创业人数之比分别为84.16%、80.95%、80.42%、77.57%。这说明，创业总人数中城市创业个体占了绝大部分，城市人口创业的积极性大大超过农村人口创业的积极性。

考察"1997年18~60岁个体"中创业者和工薪阶层的受教育情况。观察表3.2中创业个体和工薪阶层的学历结构，我们发现，绝大部分创业者和工薪阶层的受教育程度都较低。在2000年、2004年、2006年及2009年，创业者中分别大约有高达84%、81%、79%、84%的个体仅得到了初中及以下文凭，工薪阶层中分别大约有高达74%、72%、71%、76%的个体仅得到了初中及以下文凭。另外，在2000年、2004年、2006年及2009年，工薪阶层的总体受教育水平高于创业者的总体受教育水平，这表现在三个方面：第一，工薪阶层中获得初中及以下学历个体所占比例低于创业者中的这一比例；第二，工薪阶层中获得高中及中职学历、大学及以上学历个体所占的比例高于创业者中的这一比例；第三，工薪阶层的平均受教育年数超过创业个体的平均受教育年数。在2000年、2004年、2006年及2009年，创业个体的平均受教育年数为6.87年、7.23年、7.24年、7.37年，而工薪阶层的平均受教育年数为7.68年、7.96年、7.94年、7.78年。

图3.1是"1997年18~60岁个体"在2000年、2004年、2006年、2009年各学历水平创业个体在总创业个体中所占比例的柱状图。由图3.1可知，总体上，对于"1997年18~60岁个体"，学历水平越高的创业个体，其在总创业个体中所占的比例越小。图3.2是"1997年18~60岁个体"在2000年、2004年、2006年、2009年各学历水平创业个体在总个体中所占比例的柱状图。从图3.2可以发现，总体上，对于"1997年18~60岁个体"，学历水平越高的创业个体，其在总个体中所占的比例越小。

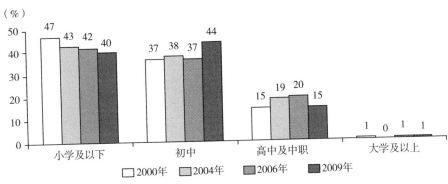

图 3.1　各学历水平创业个体在总创业个体中所占比例
（以"1997 年 18~60 岁个体"为样本）

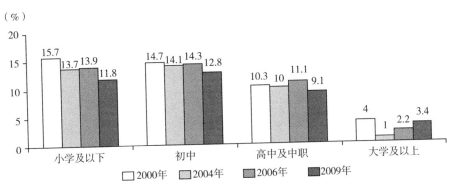

图 3.2　各学历水平创业个体在总个体中所占比例
（以"1997 年 18~60 岁个体"为样本）

表 3.3　创业个体与工薪阶层相关变量的描述性统计
（以"2000 年 18~60 岁个体"为样本）

变量	2004 年		2006 年		2009 年	
	创业个体	工薪阶层	创业个体	工薪阶层	创业个体	工薪阶层
$\overline{income}$	10154	9265	14650	12692	27719	18466
$\overline{age}$	42.82	42.84	45.15	44.34	45.87	45.83
man rate	0.53	0.54	0.53	0.55	0.59	0.56
dip1	155 (0.39)	1098 (0.35)	143 (0.39)	1010 (0.35)	122 (0.39)	936 (0.36)

续表

变　量	2004 年		2006 年		2009 年	
	创业个体	工薪阶层	创业个体	工薪阶层	创业个体	工薪阶层
dip2	162 (0.41)	1054 (0.34)	150 (0.40)	969 (0.33)	137 (0.43)	1001 (0.38)
dip3	81 (0.20)	779 (0.25)	76 (0.20)	717 (0.25)	54 (0.17)	520 (0.20)
dip4	1 (0.00)	184 (0.06)	4 (0.01)	220 (0.08)	4 (0.01)	157 (0.06)
$\overline{edu}$	7.51	8.32	7.52	8.34	7.59	8.11
city hukou	315	672	293	602	234	468
renkou	399 (11.35)	3115 (88.65)	373 (11.34)	2916 (88.66)	317 (10.82)	2614 (89.18)

注：表中包括创业个体和工薪阶层的平均收入水平（$\overline{income}$）、平均年龄（$\overline{age}$）、平均受教育年数（$\overline{edu}$）、城市户口人数（city hukou）、男性比例（man rate）；各学历水平创业个体人数（dip）及每一学历水平创业个体人数在总创业人数中的比例，各学历水平工薪阶层人数（dip）及每一学历水平工薪阶层人数在总工薪阶层人数中的比例；创业总人口及占总人口（renkou）的比例，工薪阶层总人口及占总人口（renkou）的比例。

在表 3.3 中，以"2000 年 18~60 岁个体"为样本，考察这些个体在以后受调查年度相应变量的统计特征。结果发现，在 2004 年、2006 年，创业个体所获得的收入高于工薪阶层所获得的收入，但是，两者之间没有较大的差别；但在 2009 年，创业个体所获得的收入大幅度地超过工薪阶层所获得的收入，前者约是后者的 150%。在年龄上，创业个体与工薪阶层的平均年龄基本没有差别。在创业个体和工薪阶层中，男性所占比例超过女性。在 2004 年、2006 年、2009 年，创业总人数分别为 399 人、373 人、317 人，在总人数中所占比例分别为 11.35%、11.34%、10.82%。创业总人数在总人数中所占比重有慢慢下降的趋势，表明随着时间的推移，创业的活跃度略有下降，这同以"1997 年 18~60 岁个体"为样本得到的分析结论一样。并且，上述三个受调查年度中，城市创业个体分别为 315 人、293 人、234 人，城市创业人口占创业总人数之比分别是 78.95%、78.55%、73.82%，城市创业个体在创业总人数中占了绝大部分。这说明，"2000 年 18~60 岁个体"在 2004 人、2006 人、2009 年，城市人口创业的积极性大大超过农村人口创业的积极性。

考察 "2000 年 18~60 岁个体" 中创业者和工薪阶层的受教育情况。观察表 3.3 中创业个体和工薪阶层的学历结构，我们发现，绝大部分创业者和工薪阶层的受教育程度都较低。在 2004 年、2006 年及 2009 年，创业者中大约分别有高达 80%、78%、81%的个体仅得到了初中及以下文凭，工薪阶层中大约分别有高达 69%、68%、74%的个体仅得到了初中及以下文凭。另外，在 2004 年、2006 年及 2009 年，工薪阶层的总体受教育水平高于创业者的总体受教育水平，这表现在三个方面：第一，工薪阶层中获得初中及以下学历个体所占的比例低于创业者中这一比例；第二，工薪阶层中获得高中及中职学历、大学及以上学历个体所占的比例高于创业者中的这一比例；第三，工薪阶层的平均受教育年数超过创业个体的平均受教育年数。在 2004 年、2006 年及 2009 年，创业个体的平均受教育年数为 7.51 年、7.52 年、7.59 年，而工薪阶层的平均受教育年数为 8.32 年、8.34 年、8.11 年。"2000 年 18~60 岁个体" 中创业者及工薪阶层的平均受教育年数均超过 "1997 年 18~60 岁个体" 中创业者及工薪阶层的平均受教育年数。

由图 3.3 可知，对于 "2000 年 18~60 岁个体"，小学及以下学历水平创业个体在总创业个体中所占比例与初中学历水平创业个体在总创业个体中所占比例差别不大。总体上，随着创业个体学历水平的提高，其在总创业个体中所占比例是下降的。由图 3.4 可知，小学及以下学历水平创业个体在总个体中所占比例与初中学历水平创业个体在总个体中所占比例差别不大。总体上，对于 "2000 年 18~60 岁个体"，随着创业个体学历水平的提高，其在总个体中所占比例是下降的。

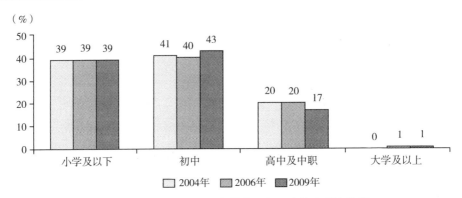

图 3.3　各学历水平创业个体在总创业个体中所占比例
（以"2000 年 18~60 岁个体"为样本）

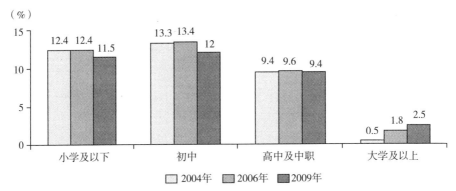

图 3.4　各学历水平创业个体在总个体中所占比例
（以"2000 年 18~60 岁个体"为样本）

3.3.2　回归分析

下面利用基准模型（3.4），采用"1997 年 18~60 岁个体"在 2000 年、2004 年、2006 年、2009 年的面板数据，分析这些个体受教育年数对其创业倾向的影响，结果见表 3.4 的第（1）列；同时，利用剔除了变量 $t00 \cdot edu_{it}$、$t00 \cdot edu_{it}^2$、$t04$ 的基准模型（3.4），采用"2000 年 18~60 岁个体"在 2004 年、2006 年、2009 年的面板数据，分析这些个体的受教育年数对其创业倾向的影响，表 3.4 的第（3）列是相应结果。

表 3.4 受教育水平对创业倾向影响的估计

(以 **"1997 年、2000 年 18~60 岁个体"** 为样本)

变 量	1997 年 18~60 岁个体		2000 年 18~60 岁个体	
	(1)	(2)	(3)	(4)
$t00 \cdot edu_{it}$	0.123 (0.113)	-0.282 *** (0.000)		
$t00 \cdot edu_{it}^2$	-0.028 *** (0.000)			
$t04 \cdot edu_{it}$	0.312 *** (0.010)	-0.269 *** (0.000)	0.418 *** (0.000)	-0.305 *** (0.000)
$t04 \cdot edu_{it}^2$	-0.039 *** (0.000)		-0.047 *** (0.000)	
$t06 \cdot edu_{it}$	0.395 *** (0.000)	-0.230 *** (0.000)	0.459 *** (0.000)	-0.253 *** (0.000)
$t06 \cdot edu_{it}^2$	-0.042 *** (0.000)		-0.046 *** (0.000)	
$t09 \cdot edu_{it}$	0.179 (0.165)	-0.188 *** (0.000)	0.357 *** (0.003)	-0.220 *** (0.000)
$t09 \cdot edu_{it}^2$	-0.025 *** (0.003)		-0.037 *** (0.000)	
省份	随机效应	随机效应	随机效应	随机效应
年份	随机效应	随机效应	随机效应	随机效应
常数项	-4.415 *** (0.000)	-3.438 *** (0.000)	-7.019 *** (0.000)	-4.874 *** (0.000)
Wald chi2	500.89 *** (0.000)	445.61 *** (0.000)	240.81 *** (0.000)	194.62 *** (0.000)
观测值	12721	12721	9734	9734

注：括号内数值为 p 值，*** 表示 p<0.01，** 表示 p<0.05，* 表示 p<0.1。还控制了年龄平方、收入水平、性别、户籍、省份、年份，为了节约篇幅，就没有报告这些控制变量的回归结论。

表 3.4 是受教育水平对个体创业倾向影响的估计结果，为了节省篇幅，我们只汇报了年份虚拟变量与受教育年数交叉项（$t \cdot edu_{it}$）、年份虚拟变量与受教育年数平方的交叉项（$t \cdot edu_{it}^2$）的估计系数及 p 值。

利用面板 Logit 随机效应对基准模型（3.4）进行估计，从表 3.4 的第（1）列中可以看出，"1997 年 18~60 岁个体"的 2004 年、2006 年的年度虚拟变量与受教育年数交叉项（$t04 \cdot edu_{it}$、$t06 \cdot edu_{it}$）的系数为正，并且均在 1% 的水平上显著；2004 年、2006 年的年度虚拟变量与受教育年数平方的交叉项（$t04 \cdot edu_{it}^2$、$t06 \cdot edu_{it}^2$）系数为负，并且均在 1% 的水平上显著。这说明，在 2004 年、2006 年，对于"1997 年 18~60 岁个体"，其受教育年数对创业的影响呈"倒 U 型"特征：即在受教育年数达到某一水平之前，受教育年数的提高会使创业倾向上升，当受教育年数超过这一水平后，受教育年数的进一步提高则会使创业的可能性下降。对于"1997 年 18~60 岁个体"，仅从 2000 年、2009 年核心解释变量的系数看，2000 年、2009 年受教育年数对创业倾向的影响依然呈"倒 U 型"特征。

以"2000 年 18~60 岁个体"作为样本，考察在 2004 年、2006 年和 2009 年，受教育水平对其创业倾向的影响。从表 3.4 的第（3）列中可以看到，2004 年、2006 年、2009 年的年度虚拟变量与受教育年数交叉项（$t04 \cdot edu_{it}$、$t06 \cdot edu_{it}$、$t09 \cdot edu_{it}$）的系数为正，并且均在 1% 的水平上显著，2004 年、2006 年、2009 年的年度虚拟变量与受教育年数平方的交叉项（$t04 \cdot edu_{it}^2$、$t06 \cdot edu_{it}^2$、$t09 \cdot edu_{it}^2$）系数为负，并且均在 1% 的水平上显著。这说明，在 2004 年、2006 年、2009 年，对于"2000 年 18~60 岁个体"，受教育年数对其创业倾向的影响呈"倒 U 型"特征，即在受教育年数达到某一水平之前，受教育年数的提高会使创业倾向上升，当受教育年数超过这一水平之后，受教育年数的进一步提高则会使创业的可能性下降。

以"1997 年、2000 年 18~60 岁个体"为样本，从总体上，本章得到了受教育水平对创业倾向的影响呈"倒 U 型"特征的结论，但是，该结论并不令人信服。其原因有两个方面：第一，对于"1997 年 18~60 岁个体"，其在 2000 年、2009 年的年度虚拟变量与受教育年数平方的交叉项（$t00 \cdot edu_{it}^2$、$t09 \cdot$

edu_{it}^2）系数为负且显著，但 2000 年、2009 年的年度虚拟变量与受教育年数交叉项（$t00 \cdot edu_{it}$、$t09 \cdot edu_{it}$）的系数不显著。这说明，对于"1997 年 18~60 岁个体"，在 2000 年、2009 年，受教育水平对其创业倾向的影响很可能是负向的。第二，对于"1997 年 18~60 岁个体"，尽管回归结果显示，在 2004 年，受教育水平对其创业倾向的影响呈"倒 U 型"特征，但是，由于受教育年数在 4 年（使得创业可能性在 2004 年最大的受教育年数）以下的个体在 2004 年的全部个体中所占比例仅为 15.26%，所以，我们不能认为在 2004 年，受教育水平对其创业倾向的影响是"倒 U 型"的。在 2006 年，回归结果也显示，对于"1997 年 18~60 岁个体"，受教育水平对其创业倾向的影响呈"倒 U 型"特征，但是，由于受教育年数在 4.7 年（使得创业可能性在 2006 年最大的受教育年数）以下的个体在 2006 年全部个体中所占比例仅为 19.31%，所以，我们不能认为在 2006 年，受教育水平对其创业倾向的影响是"倒 U 型"的。对于"2000 年 18~60 岁个体"，尽管回归结果显示，在 2004 年、2006 年、2009 年，受教育水平对其创业倾向的影响呈"倒 U 型"特征，但是，由于在 2004 年、2006 年、2009 年，受教育年数在 4.45 年、5 年、4.82 年（使得创业可能性在 2004 年、2006 年、2009 年最大的受教育年数）以下的个体在上述三年的全部个体中所占比例分别为 13.47%、26.48%、21.81%，所以，我们不能认为，对于"2000 年 18~60 岁个体"，受教育水平其创业倾向的影响是"倒 U 型"的。由于以上两个方面的原因，我们设想，对于"1997 年、2000 年 18~60 岁个体"，受教育程度对其创业倾向的影响是负向的。通过在基准模型（3.4）中仅把年度虚拟变量与受教育年数交叉项（$t \cdot edu_{it}$）作为核心解释变量，本章验证上面的假设是否成立。

表 3.4 的第（2）列列示了仅在基准模型（3.4）中包含核心解释变量——年度虚拟变量与受教育年数的交叉项（$t \cdot edu_{it}$）后，"1997 年 18~60 岁个体"的受教育水平对其创业倾向影响的估计结果。我们发现，各年度虚拟变量与受教育年数的交叉项（$t \cdot edu_{it}$）的系数为负，且均在 1% 的水平上显著。这说明，对于"1997 年 18~60 岁个体"，受教育水平对其创业倾向的影响是负向的。表 3.4 的第（4）列列示了仅在基准模型（3.4）中包含核心解释变量——年度虚拟变量与受教育年数的交叉项（$t \cdot edu_{it}$）后，"2000 年

18~60岁个体"的受教育水平对其创业倾向影响的估计结果。我们发现,各年度虚拟变量与受教育年数的交叉项($t·edu_{it}$)的系数为负,且均在1%的水平上显著。这说明,对于"2000年18~60岁个体",受教育水平对其创业倾向的影响是负向的。

3.3.3 进一步回归分析

通过3.3.2的实证结果,本书发现,对于"1997年、2000年18~60岁个体",受教育水平对其创业倾向的影响是负向的。本节着重对以上的回归结论进行分析,试图发现隐藏在这一结论后面的原因。

20世纪90年代中后期,国有企业改制造成我国创业者中包含大量自雇型创业个体。据CHNS数据,对于"1997年18~60岁个体",在1997年、2000年、2004年、2006年、2009年,分别有828名、707名、336名、332名、263名创业个体,其中,自雇型创业个体分别为697人、547人、247人、241人、169人;对于"2000年18~60岁个体",在2000年、2004年、2006年、2009年,分别有774名、399名、373名、317名创业个体,其中自雇型创业个体分别为589人、279人、262人、186人。且受教育年数越低的自雇型创业个体,由于他们在劳动力市场上的竞争能力越弱,所以,他们在自雇型创业总个体中所占比重越大。考察"1997年18~60岁个体"中从事自雇型创业的学历结构分布,我们发现,在1997年的697人自雇型创业个体中,小学及以下学历、初中学历、高中及中职学历、大学及以上学历的人数分别为373人、241人、83人、0人;考察"2000年18~60岁个体"中从事自雇型创业的学历结构分布,我们发现,在2000年的589人自雇型创业个体中,小学及以下学历、初中学历、高中及中职学历、大学及以上学历的人数分别为301人、212人、74人、2人。不仅如此,"1997年、2000年18~60岁个体"在以后受调查年度,受教育程度越低的自雇型创业个体在自雇型创业总个体中,所占比重也越大。在大量的下岗人员中,由于受教育程度高的职工被裁减的概率降低,其边际影响为多接受一年正规教育使下岗可能性减少0.76%,即10年全日制教育减少下岗可能性的8%(夏庆杰等,2004)。Raquel Carrasco(1999)认为,当经济形势恶化的时候,受教育水平较低的失业群体转向自我雇佣的可能性是大学学历个体失业时转向自我雇佣的可能性的 2 倍。以"1997 年 18~60 岁个体"为样本，分别考察这些个体在 2000 年、2004 年、2006 年、2009 年自雇型创业个体的学历分布。我们发现，在 2000 年，"1997 年 18~60 岁个体"中有 547 人进行自雇型创业，其中小学及以下学历、初中学历、高中及中职学历、大学及以上学历自雇型创业个体分别为 282 人、189 人、71 人、3 人；在 2004 年，"1997 年 18~60 岁个体"中有 247 人进行自雇型创业，其中小学及以下学历、初中学历、高中及中职学历、大学及以上学历自雇型创业个体分别为 126 人、85 人、35 人、1 人；在 2006 年，"1997 年 18~60 岁个体"中有 241 人进行自雇型创业，其中小学及以下学历、初中学历、高中及中职学历、大学及以上学历自雇型创业个体分别为 122 人、76 人、41 人、0 人；在 2009 年，"1997 年 18~60 岁个体"中有 169 人进行自雇型创业，其中小学及以下学历、初中学历、高中及中职学历、大学及以上学历自雇型创业个体分别为 88 人、59 人、21 人、1 人。以"2000 年 18~60 岁个体"为样本，分别考察这些个体在 2004 年、2006 年、2009 年自雇型创业个体的学历分布。我们发现，在 2004 年，"2000 年 18~60 岁个体"中有 279 人进行自雇型创业，其中小学及以下学历、初中学历、高中及中职学历、大学及以上学历自雇型创业个体分别为 135 人、101 人、40 人、1 人；在 2006 年，"2000 年 18~60 岁个体"中有 262 人进行自雇型创业，其中小学及以下学历、初中学历、高中及中职学历、大学及以上学历自雇型创业个体分别为 128 人、92 人、41 人、1 人；在 2009 年，"2000 年 18~60 岁个体"中有 186 人进行自雇型创业，其中小学及以下学历、初中学历、高中及中职学历、大学及以上学历自雇型创业个体分别为 93 人、66 人、26 人、1 人。

由于"1997 年、2000 年 18~60 岁个体"在以后受调查年度，创业者中包含了大量的自雇型创业个体，且学历越低的自雇型创业个体在自雇型创业总体中所占比例越大。所以，表 3.4 显示，对于"1997 年、2000 年 18~60 岁个体"，在以后的受调查年度，受教育年数对其创业倾向的影响是负向的。

国有企业改制造成"1997 年、2000 年 18~60 岁个体"中包含了大量自雇型创业个体，这些个体干扰了以"1997 年、2000 年 18~60 岁个体"为样本下受教育水平与创业两者之间的关系，并使得受教育水平对创业倾向的影响是负向的。有鉴于此，有必要对"1997 年、2000 年 18~60 岁个体"为样本所建立的面板数据中因为国有企业改制造成的自雇型创业个体进行控制。本节在对以"1997 年 18~60 岁个体"为样本所建立的面板数据中的"因国有企业改制造成的在 2000 年、2004 年、2006 年、2009 年是自雇型创业个体且在 1997 年也是自雇型创业的个体"进行控制，及对以"2000 年 18~60 岁个体"为样本所建立起来的面板数据中的"因国有企业改制造成的在 2004 年、2006 年、2009 年是自雇型创业个体且在 2000 年也是自雇型创业的个体"进行控制的前提下考察受教育年数对创业倾向的影响。如表 3.5 所示。

表 3.5　受教育水平对创业倾向影响的估计

（以"1997 年、2000 年 18~60 岁个体"为样本）

变 量	1997 年 18~60 岁个体		2000 年 18~60 岁个体	
	（1）	（2）	（3）	（4）
$t00 \cdot edu_{it}$	0.151 * （0.086）	-0.022 （0.426）		
$t00 \cdot edu_{it}^2$	-0.015 *** （0.007）			
$t04 \cdot edu_{it}$	0.635 *** （0.001）	-0.071 * （0.078）	0.882 *** （0.000）	-0.035 （0.348）
$t04 \cdot edu_{it}^2$	-0.041 *** （0.000）		-0.058 *** （0.000）	
$t06 \cdot edu_{it}$	0.596 *** （0.000）	-0.034 （0.338）	0.932 *** （0.000）	-0.043 （0.214）
$t06 \cdot edu_{it}^2$	-0.040 *** （0.000）		-0.058 *** （0.000）	
$t09 \cdot edu_{it}$	0.332 ** （0.029）	-0.033 （0.409）	0.548 *** （0.003）	-0.013 （0.718）
$t09 \cdot edu_{it}^2$	-0.024 *** （0.010）		-0.038 *** （0.000）	
省份	随机效应	随机效应	随机效应	随机效应
年份	随机效应	随机效应	随机效应	随机效应

续表

变 量	1997 年 18~60 岁个体		2000 年 18~60 岁个体	
	（1）	（2）	（3）	（4）
常数项	-5.249*** (0.000)	-4.882*** (0.000)	-8.404*** (0.000)	-5.154*** (0.000)
Wald chi2	267.00*** (0.000)	107.99*** (0.000)	159.50*** (0.000)	97.53*** (0.000)
观测值	12721	12721	9734	9734

注：括号内数值为 p 值，*** 表示 p<0.01，** 表示 p<0.05，* 表示 p<0.1。还控制了年龄平方、收入水平、性别、户籍、因国企改革在 1997 年及以后受调查年度也进行了自雇型创业的个体、因国企改革在 2000 年及以后受调查年度也进行了自雇型创业的个体、省份、年份，为了节约篇幅，就没有报告这些控制变量的回归结论。

在对以"1997 年 18~60 岁个体"为样本所建立的面板数据中的"因国有企业改制造成的在 2000 年、2004 年、2006 年、2009 年是自雇型创业个体且在 1997 年也是自雇型创业的个体"进行控制，及对以"2000 年 18~60 岁个体"为样本所建立起来的面板数据中的"因国有企业改制造成的在 2004 年、2006 年、2009 年是自雇型创业个体且在 2000 年也是自雇型创业的个体"进行控制后，表 3.5 的第（2）列列示了仅在基准模型（3.4）中包含核心解释变量——年度虚拟变量与受教育年数的交叉项（$t \cdot edu_{it}$）后，"1997 年 18~60 岁个体"的受教育水平对其创业倾向影响的估计结果。回归结果显示，对于"1997 年 18~60 岁个体"，仅在 2004 年，年度虚拟变量与受教育年数的交叉项（$t \cdot edu_{it}$）的系数显著；而在 2000 年、2006 年、2009 年，年度虚拟变量与受教育年数的交叉项（$t00 \cdot edu_{it}$、$t06 \cdot edu_{it}$、$t09 \cdot edu_{it}$）的系数均不显著。这说明，在对以"1997 年 18~60 岁个体"为样本所建立的面板数据中的"因国有企业改制造成的在 2000 年、2004 年、2006 年、2009 年是自雇型创业个体且在 1997 年也是自雇型创业的个体"进行控制后，对于"1997 年 18~60 岁个体"，受教育水平对其创业倾向的影响很可能不是线性的。表 3.5 的第（4）列列示了仅在基准模型（3.4）中包含核心解释变量——年度虚拟变量与受教育年数的交叉项（$t \cdot edu_{it}$）后，"2000 年 18~60 岁未创业个体"的受教育水平对其创业倾向影响的估计结果。回归结果显示，对于"2000 年 18~60 岁个体"，在 2004 年、2006 年、2009 年，年度虚拟变量与受教育年数的交叉项（t·edu_{it}）的系数均不显著。这说明，在对以"2000 年 18~60 岁个体"为样本所建立起来的面板数据中的"因国有企业改制造成的在 2004 年、2006 年、2009 年是自雇型创业个体且在 2000 年也是自雇型创业的个体"进行控制后，对于"2000 年 18~60 岁个体"，受教育水平对其创业倾向的影响很可能不是线性的。表 3.5 的第（2）、第（4）列的回归结果提示我们利用包含了年度虚拟变量与受教育年数的交叉项（t·edu_{it}）与年度虚拟变量与受教育年数平方交叉项（t·edu_{it}^2）的基准模型（3.4）进行回归分析。

利用基准模型（3.4），采用"1997 年 18~60 岁个体"在 2000 年、2004 年、2006 年、2009 年的面板数据，在对以"1997 年 18~60 岁个体"为样本所建立的面板数据中的"因国有企业改制造成的在 2000 年、2004 年、2006 年、2009 年是自雇型创业个体且在 1997 年也是自雇型创业的个体"进行控制后，分析受教育年数对其创业倾向的影响，表 3.5 的第（1）列汇报了相应结果；同时，利用剔除了变量 t00·edu_{it}、t00·edu_{it}^2、t04 的基准模型（3.4），在对以"2000 年 18~60 岁个体"为样本建立起来的面板数据中的"因国有企业改制造成的在 2004 年、2006 年、2009 年是自雇型创业个体且在 2000 年也是自雇型创业的个体"进行控制后，采用"2000 年 18~60 岁个体"在 2004 年、2006 年、2009 年的面板数据，分析受教育年数对其创业倾向的影响，表 3.5 的第（3）列汇报了相应结果。

从表 3.5 的第（1）列可以看出，"1997 年 18~60 岁个体"在 2000 年、2004 年、2006 年、2009 年的年度虚拟变量与受教育年数交叉项（t00·edu_{it}、t04·edu_{it}、t06·edu_{it}、t09·edu_{it}）的系数为正，并且均在 1% 的水平上显著，且 2000 年、2004 年、2006 年、2009 年的年度虚拟变量与受教育年数平方的交叉项（t00·edu_{it}^2、t04·edu_{it}^2、t06·edu_{it}^2、t09·edu_{it}^2）系数为负，并且均在 5% 的水平上显著。这说明，在对以"1997 年 18~60 岁个体"为样本所建立的面板数据中的"因国有企业改制造成的在 2000 年、2004 年、2006 年、2009 年是自雇型创业个体且在 1997 年也是自雇型创业的个体"进行控制后，"1997 年 18~60 岁个体"在 2000 年、2004 年、2006 年、2009 年，受教育年数与创业倾向之间呈"倒 U 型"特征。

从表 3.5 的第（3）列可以看出，"2000 年 18～60 岁个体"的 2004 年、2006 年、2009 年的年度虚拟变量与受教育年数交叉项（$t04 \cdot edu_{it}$、$t06 \cdot edu_{it}$、$t09 \cdot edu_{it}$）的系数为正，并且均在 1% 的水平上显著，且 2004 年、2006 年、2009 年的年度虚拟变量与受教育年数平方交叉项（$t04 \cdot edu_{it}^2$、$t06 \cdot edu_{it}^2$、$t09 \cdot edu_{it}^2$）的系数为负，并且均在 1% 的水平上显著。这说明，在对以"2000 年 18～60 岁个体"为样本所建立起来的面板数据中的"因国有企业改制造成的在 2004 年、2006 年、2009 年是自雇型创业个体且在 2000 年也是自雇型创业的个体"进行控制后，"2000 年 18～60 岁个体"在 2004 年、2006 年、2009 年，受教育年数对创业倾向的影响也呈"倒 U 型"特征。不同受教育水平个体在进行职业选择时，依据的是选择某项职业所带来的收益与其机会成本的大小。就不同受教育水平个体在创业与工作两者之间进行选择而言，如果创业的收益大于其机会成本，那么，这些个体就会选择创业；反之，则会选择上班，作为工薪阶层的一员。对于在 2000 年及以前就获得了大学学历、中职学历的个体，他们毕业后，大部分可以通过国家分配在政府部门或企事业单位得到一份稳定、轻松的工作，并由此获得相应的社会地位。他们如果选择创业，就会面临较大的风险。一方面，2000 年后，我国经济中供给小于需求的矛盾得到缓解，短缺经济消失，市场逐渐从卖方市场过渡到买方市场，市场竞争激烈，受教育程度较高的个体创业的市场风险变大，如真格基金投资管理副总裁刘元认为："大学生创业本身被公认为是高市场风险的事"；另一方面，虽然非公有制经济在法律上享有和公有制经济同等的地位，但是，社会对创业的名目繁多的限制（如大量的审批）仍然存在，私有产权还不能完全得到保护，创业所面临的制度成本、交易成本仍然很大。由于受教育水平较高个体创业面临的风险较大、收益较少，且机会成本大，所以他们创业的可能性较小。对于在 2000 年及以前就获得了小学及以下学历的个体，基本是文盲，他们寻找创业项目、理解用户需求、管理及运作创业项目的能力、处理人际关系的能力均较低，所以，尽管学历较低个体创业的机会成本低，但由于这部分个体创业的收益也很低，所以，这部分个体大多选择从事粗、重、累的体力劳动，他们创业的可能性也较小。对于在 2000 年及以前就获得了初中学历的个体，他们具有丰富多样的人生阅历和经验，这使得他们有一定的管理能力和创业实践能力，从而能够识别创业机会、选择并经营好的创业项目，也能够成功地处理创业中的各种人际关系，他们创业的潜在收益较高。同时，由于初中学历个体不在国家计划分配的范围之内，他们不能在企事业单位、政府部门获得一份轻松、稳定的工作，因此，他们不存在创业的机会成本。所以，初中学历个体创业的可能性较大。

在对以"1997年18～60岁个体"为样本所建立的面板数据中的"因国有企业改制造成的在2000年、2004年、2006年、2009年是自雇型创业个体且在1997年也是自雇型创业的个体"进行控制，及对以"2000年18～60岁个体"为样本建立起来的面板数据中的"因国有企业改制造成的在2004年、2006年、2009年是自雇型创业个体且在2000年也是自雇型创业的个体"进行控制后，将"1997年、2000年18～60岁个体"在各受调查年度使得创业可能性最大的受教育年数列示于表3.6，我们发现，使得创业可能性最大的受教育年数绝大部分约为8年，即初中学历个体的创业可能性最大。所以，对于"1997年、2000年18～60岁个体"，受教育年数对其创业倾向的影响呈"倒U型"特征，且初中学历个体创业的可能性最大。这一结论在相关资料中得到了证实。根据历年《中国统计年鉴》和《中国劳动统计年鉴》发现，在2002～2006年，初中学历的私营个体雇主在当年总的创业人数中所占比例分别为55%、55%、54%、51%、51%。

表 3.6　创业倾向最大的受教育年数
（以"1997年、2000年18～60岁个体"为样本）

	2000年创业可能性最大的受教育年数	2004年创业可能性最大的受教育年数	2006年创业可能性最大的受教育年数	2009年创业可能性最大的受教育年数
1997年18～60岁个体	5.03	7.94	7.45	6.92
2000年18～60岁个体		7.60	8.03	7.21

3.4 稳健性检验

本章对"1997 年 18～60 岁未创业个体"在 2000 年、2004 年、2006 年、2009 年的创业个体和工薪阶层的相关变量进行描述性统计，相关内容见表 3.7。

表 3.7 创业个体与工薪阶层相关变量的描述性统计

（以"1997 年 18～60 岁未创业个体"为样本）

变量	2000 年		2004 年		2006 年		2009 年	
	创业个体	工薪阶层	创业个体	工薪阶层	创业个体	工薪阶层	创业个体	工薪阶层
$\overline{income}$	11185	7202	14870	8988	22325	11998	51009	18550
$\overline{age}$	39.46	40.42	40.75	44.42	43.14	45.59	44.55	46.94
man rate	0.58	0.55	0.68	0.55	0.69	0.55	0.69	0.56
dip1	46 (0.30)	1667 (0.41)	13 (0.16)	865 (0.39)	17 (0.20)	846 (0.40)	16 (0.20)	720 (0.39)
dip2	66 (0.44)	1405 (0.35)	42 (0.53)	715 (0.33)	45 (0.52)	661 (0.32)	40 (0.51)	706 (0.38)
dip3	36 (0.24)	841 (0.21)	24 (0.30)	526 (0.24)	21 (0.24)	469 (0.22)	20 (0.25)	358 (0.19)
dip4	3 (0.02)	144 (0.03)	1 (0.01)	92 (0.04)	3 (0.04)	121 (0.06)	3 (0.04)	78 (0.04)
$\overline{edu}$	8.31	7.58	9.1	7.90	9.10	7.88	8.93	7.73
city hukou	68	704	26	387	29	318	32	239
renkou	151 (3.58)	4066 (96.42)	80 (3.50)	2198 (96.50)	86 (4.00)	2067 (96.00)	79 (4.07)	1862 (95.93)

注：表中包括创业个体和工薪阶层的平均收入水平（$\overline{income}$）、平均年龄（$\overline{age}$）、平均受教育年数（$\overline{edu}$）、城市户口人数（city hukou）、男性比例（man rate）；各学历水平创业个体人数（dip）及每一学历水平创业个体人数在总创业人数中的比例，各学历水平工薪阶层人数（dip）及每一学历水平工薪阶层人数在总工薪阶层人数中的比例；创业总人口及占总人口（renkou）的比例，工薪阶层总人口及占总人口（renkou）的比例。

3.4.1 变量的描述性统计与说明

以"1997年18~60岁未创业个体"为样本，考察这些个体在2000年、2004年、2006年、2009年相关变量的统计特征。结果发现，在2000年、2004年，创业个体所获得的收入高于工薪阶层所获得的收入，两者之间没有较大的差别；但是在2006年、2009年，创业个体所获得的收入大幅度超过工薪阶层所获得的收入；在2006年、2009年，创业者的收入比工薪阶层的收入分别超出86.07%、174.98%。

在年龄上，创业个体与工薪阶层的平均年龄基本没有差别。在创业个体和工薪阶层中，男性所占比例超过女性；并且，男性在创业中所占的比例更大。在2000年、2004年、2006年、2009年，创业人数分别为151人、80人、86人、79人，在总人数中所占比例分别为3.58%、3.50%、4.00%、4.07%。并且，上述四个受调查年度中，城市创业人数分别为68人、26人、29人、32人，在各年度总创业人数中所占比例分别为45.03%、32.5%、32.58%、40.51%；农村创业人数分别为83人、54人、57人、47人，在各年度总创业人数中所占比例分别为55.97%、67.5%、58.42%、59.49%。城市创业个体在总创业人数中的比例低于农村创业个体在总创业人数中的比例，这说明，"1997年18~60岁未创业个体"在2000年、2004年、2006年、2009年，农村人口创业的积极性超过城市人口创业的积极性。

考察"1997年18~60岁未创业个体"中创业者和工薪阶层的受教育情况。观察表3.7中创业个体和工薪阶层的学历结构，我们发现，绝大部分创业个体的学历集中在初中、高中及中职学历水平，而绝大部分工薪阶层的学历集中在初中及以下学历水平。在2000年、2004年、2006年及2009年，创业者中分别有高达68%、83%、76%、76%的个体仅得到了初中文凭、高中及中职文凭，工薪阶层中分别有高达76%、72%、72%、77%的个体仅得到了小学及初中文凭。另外，在2000年、2004年、2006年及2009年，工薪阶层的总体受教育水平低于创业者的总体受教育水平，这表现在三个方面：第一，工薪阶层中获得小学及初中学历的个体所占比例高于创业者中这一比例；第二，在工薪阶层中，获得高中学历、中职学历、大学及以上学历个体所占比例低于创业者中的这一比例；第三，创业者的平均受教育年数超过工薪阶层的平均受教育年数。

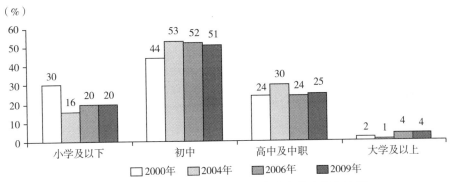

图 3.5 各学历水平创业个体在总创业个体中所占比例
（以"1997 年 18~60 岁未创业个体"为样本）

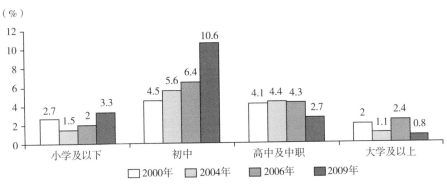

图 3.6 各学历水平创业个体在总个体中所占比例
（以"1997 年 18~60 岁未创业个体"为样本）

图 3.5 是"1997 年 18~60 岁未创业个体"在 2000 年、2004 年、2006 年、2009 年各学历水平创业个体在总创业个体中所占比例的柱状图。由图 3.5 可知，对于"1997 年 18~60 岁未创业个体"，各学历水平创业个体在总创业个体中所占比例呈"倒 U 型"特征，且初中学历水平创业个体在总创业个体中所占比例最大。图 3.6 是"1997 年 18~60 岁未创业个体"在 2000 年、2004 年、2006 年、2009 年各学历水平创业个体在总个体中所占比例的柱状图。由

图 3.6 可知，对于"1997 年 18 ~ 60 岁未创业个体"，各学历水平创业个体在总个体中所占比例呈"倒 U 型"特征，且初中学历水平创业个体在总个体中所占比例最大。

表 3.8　创业个体与工薪阶层相关变量的描述性统计

（以"2000 年 18 ~ 60 岁未创业个体"为样本）

变量	2004 年		2006 年		2009 年	
	创业个体	工薪阶层	创业个体	工薪阶层	创业个体	工薪阶层
$\overline{income}$	14354	9263	24059	12730	39330	18651
$\overline{age}$	40.54	43.18	43.05	44.80	43.62	46.21
man rate	0.71	0.54	0.63	0.55	0.68	0.57
dip1	16 (0.16)	1009 (0.36)	18 (0.18)	917 (0.36)	27 (0.24)	847 (0.37)
dip2	51 (0.53)	931 (0.33)	54 (0.53)	831 (0.32)	53 (0.48)	859 (0.37)
dip3	29 (0.30)	698 (0.25)	27 (0.27)	638 (0.25)	29 (0.26)	451 (0.20)
dip4	1 (0.01)	159 (0.06)	2 (0.02)	191 (0.07)	2 (0.02)	137 (0.06)
$\overline{edu}$	9.11	8.26	9.16	8.29	8.78	8.03
city hukou	37	544	39	471	39	327
renkou	97 (3.35)	2797 (96.65)	101 (3.77)	2577 (96.23)	111 (4.62)	2294 (95.38)

注：表中包括创业个体和工薪阶层的平均收入水平（$\overline{income}$）、平均年龄（$\overline{age}$）、平均受教育年数（$\overline{edu}$）、城市户口人数（city hukou）、男性比例（man rate）；各学历水平创业个体人数（dip）及每一学历水平创业个体人数在总创业人数中的比例，各学历水平工薪阶层人数（dip）及每一学历水平工薪阶层人数在总工薪阶层人数中的比例；创业总人口及占总人口（renkou）的比例，工薪阶层总人口及占总人口（renkou）的比例。

表 3.8 以"2000 年 18~60 岁未创业个体"为样本,考察这些个体 2004 年、2006 年、2009 年相应变量的统计特征。结果发现,在 2004 年,创业个体所获得的收入高于工薪阶层所获得的收入,但是,两者之间没有较大的差别;在 2006 年及 2009 年,创业个体所获得的收入大幅度地超过工薪阶层所获得的收入,创业者的收入约是工薪阶层收入的 2 倍。在年龄上,创业个体与工薪阶层的平均年龄基本没有差别。在创业个体和工薪阶层中,男性所占比例均超过女性;且男性在创业总人数中,所占比例更大。在 2004 年、2006 年、2009 年,创业人数分别为 97 人、101 人、111 人,在各年总人数中所占比例分别为 3.35%、3.77%、4.62%。上述三个受调查年度中,城市创业人数分别为 37 人、39 人、39 人,城市创业人数占总创业人口的比例分别为 38%、39%、35%;农村创业人数分别为 60 人、62 人、72 人,农村创业人数占总创业人口的比例分别为 62%、61%、65%。在创业总人数中,城市创业个体所占比例低于农村创业个体所占比例,这说明,"2000 年 18~60 岁未创业个体"在 2004 年、2006 年、2009 年,农村人口创业的积极性超过城市人口创业的积极性。

考察"2000 年 18~60 岁未创业个体"中创业者和工薪阶层的受教育情况。观察表 3.8 中创业个体和工薪阶层的学历结构,我们发现,绝大部分创业者和工薪阶层的受教育程度集中在初中、高中及中职学历。在 2004 年、2006 年及 2009 年,创业者中分别有高达 82%、81%、83% 的个体仅得到了初中、高中及中职学历,而工薪阶层中分别约有高达 70%、69%、75% 的个体仅得到了初中、高中及中职学历。另外,在 2004 年、2006 年及 2009 年,工薪阶层的总体受教育水平低于创业者的总体受教育水平,这表现在三个方面:第一,工薪阶层中获得小学及初中学历的个体所占的比例高于创业者中这一比例;第二,在工薪阶层中,获得高中及中职学历、大学及以上学历个体所占的比例低于创业者中的这一比例;第三,创业者的平均受教育年数超过工薪阶层的平均受教育年数。与"1997 年 18~60 岁未创业个体"相比,"2000 年 18~60 岁未创业个体"中创业者的平均受教育年数要高一些。

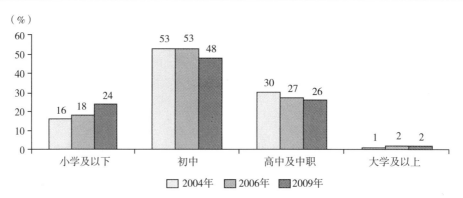

图 3.7　各学历水平创业个体在总创业个体中所占比例
(以"2000 年 18~60 岁未创业个体"为样本)

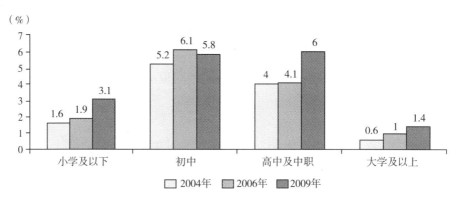

图 3.8　各学历水平创业个体在总个体中所占比例
(以"2000 年 18~60 岁未创业个体"为样本)

图 3.7 是"2000 年 18~60 岁未创业个体"在 2004 年、2006 年、2009 年各学历水平创业个体在总创业个体中所占比例的柱状图。由图 3.7 可知，对于"2000 年 18~60 岁未创业个体"，各学历水平创业个体在总创业个体中所占比例呈"倒 U 型"特征，且初中学历水平创业个体在总创业个体中所占比例最大。图 3.8 是"2000 年 18~60 岁未创业个体"在 2004 年、2006 年、2009 年各学历水平创业个体在总个体中所占比例的柱状图。由图 3.8 可知，对于"2000 年 18~60 岁个体"，在 2004 年、2006 年、2009 年，各学历水平创业个体在总个体中所占比例呈"倒 U 型"特征，且在 2004 年、2006 年两个受调查

年度，初中学历水平创业个体在总个体中所占比例最大，在 2009 年，高中及中职学历水平创业个体在总个体中所占比例最大。

3.4.2 回归结果及分析

表 3.9 的第（2）列列示了仅在基准模型（3.4）中包含核心解释变量——年度虚拟变量与受教育年数的交叉项（$t \cdot edu_{it}$）后，"1997 年 18~60 岁未创业个体"的受教育水平对其创业倾向影响的估计结果。回归结果显示，对于"1997 年 18~60 岁未创业个体"，仅在 2000 年，受教育水平对其创业倾向的影响是负向的；而在 2004 年、2006 年、2009 年，受教育水平对其创业倾向的影响不显著。这说明，从总体上，对于"1997 年 18~60 岁未创业个体"，受教育水平对其创业倾向的影响很可能不是线性的。表 3.9 的第（4）列列示了仅在基准模型（3.4）中包含核心解释变量——年度虚拟变量与受教育年数的交叉项（$t \cdot edu_{it}$）后，"2000 年 18~60 岁未创业个体"的受教育水平对其创业倾向影响的估计结果。回归结果显示，对于"2000 年 18~60 岁未创业个体"，在 2004 年、2006 年、2009 年，受教育水平对其创业倾向的影响不显著。这说明，从总体上，对于"2000 年 18~60 岁未创业个体"，受教育水平对其创业倾向的影响很可能不是线性的。表 3.9 的第（2）、第（4）列的回归结果提示我们利用包含了年度虚拟变量与受教育年数的交叉项（$t \cdot edu_{it}$）与年度虚拟变量与受教育年数平方交叉项（$t \cdot edu_{it}^2$）的基准模型（3.4）进行回归分析。

利用基准模型（3.4），采用"1997 年 18~60 岁未创业个体"在 2000 年、2004 年、2006 年、2009 年的面板数据，分析受教育年数对其创业倾向的影响，表 3.9 的第（1）列汇报了相应结果；同时，利用剔除了变量 $t00 \cdot edu_{it}$、$t00 \cdot edu_{it}^2$、$t04$ 的基准模型（3.4），采用"2000 年 18~60 岁未创业个体"在 2004 年、2006 年、2009 年的面板数据，分析受教育年数对其创业倾向的影响，表 3.9 的第（3）列汇报了相应结果。

表 3.9　稳健性检验：受教育水平对创业倾向影响的估计

（以"1997 年、2000 年 18~60 岁未创业个体"为样本）

变量	1997 年 18~60 岁未创业个体		2000 年 18~60 岁未创业个体	
	（1）	（2）	（3）	（4）
$t00 \cdot edu_{it}$	0.181 * （0.099）	-0.069 ** （0.036）		
$t00 \cdot edu_{it}^2$	-0.016 ** （0.016）			
$t04 \cdot edu_{it}$	0.668 *** （0.006）	-0.018 （0.676）	0.743 *** （0.002）	-0.032 （0.453）
$t04 \cdot edu_{it}^2$	-0.041 *** （0.003）		-0.046 *** （0.000）	
$t06 \cdot edu_{it}$	0.921 *** （0.000）	-0.026 （0.499）	0.925 *** （0.000）	-0.035 （0.373）
$t06 \cdot edu_{it}^2$	-0.056 *** （0.000）		-0.057 *** （0.000）	
$t09 \cdot edu_{it}$	0.260 （0.121）	-0.010 （0.811）	0.465 *** （0.007）	-0.033 （0.413）
$t09 \cdot edu_{it}^2$	-0.017 * （0.082）		-0.031 *** （0.002）	
省份	随机效应	随机效应	随机效应	随机效应
年份	随机效应	随机效应	随机效应	随机效应
常数项	-5.430 *** （0.000）	-4.741 *** （0.000）	-7.744 *** （0.000）	-4.944 *** （0.000）
Wald chi2	182.15 *** （0.000）	160.02 *** （0.000）	122.63 *** （0.000）	99.14 *** （0.000）
观测值	10589	10589	7977	7977

注：括号内数值为 p 值，*** 表示 p<0.01，** 表示 p<0.05，* 表示 p<0.1。还控制了年龄平方、收入水平、性别、户籍、省份、年份，为了节约篇幅，就没有报告这些控制变量的回归结论。

从表 3.9 的第（1）列可以看出，"1997 年 18~60 岁未创业个体"在 2000

年、2004 年、2006 年的年度虚拟变量与受教育年数交叉项（$t00 \cdot edu_{it}$）的系数为正，并且均在 10% 的水平上显著，且 2000 年、2004 年、2006 年的年度虚拟变量与受教育年数平方交叉项（$t00 \cdot edu_{it}^2$、$t04 \cdot edu_{it}^2$、$t06 \cdot edu_{it}^2$）的系数为负。这说明，"1997 年 18~60 岁未创业个体"在 2000 年、2004 年、2006 年，受教育年数与创业倾向之间呈"倒 U 型"特征。在 2009 年，对于"1997 年 18~60 岁未创业个体"，受教育程度对其创业倾向的影响也是"倒 U 型"的，只是回归系数（$t09 \cdot edu_{it}$）不显著。其中很可能的原因是，2008 年的全球金融危机使得劳动密集型企业的出口订单减少，农民工就业困难使得受教育程度较低的大量农民工不得不进行自我雇佣。据权威发布，仅 2008 年上半年全国就有 617 万家规模以上的中小企业倒闭，到 2008 年底有 2000 多万的农民工失业返乡。总体上，对于"1997 年 18~60 岁未创业个体"，受教育年数对创业倾向的影响呈"倒 U 型"特征。

从表 3.9 的第（3）列可以看出，"2000 年 18~60 岁未创业个体"的 2004 年、2006 年、2009 年的年度虚拟变量与受教育年数交叉项（$t04 \cdot edu_{it}$、$t06 \cdot edu_{it}$、$t09 \cdot edu_{it}$）的系数为正，并且均在 1% 水平上显著，且 2004 年、2006 年、2009 年的年度虚拟变量与受教育年数平方交叉项（$t04 \cdot edu_{it}^2$、$t06 \cdot edu_{it}^2$、$t09 \cdot edu_{it}^2$）的系数为负，并且均在 1% 水平上显著。这说明，"2000 年 18~60 岁未创业个体"在 2004 年、2006 年、2009 年，受教育年数对创业倾向的影响也呈"倒 U 型"特征。

通过将"1997 年、2000 年 18~60 岁未创业个体"在各受调查年度使得创业可能性最大的受教育年数列示于表 3.10，我们发现，使得创业可能性最大的受教育年数绝大部分约为 8 年，即初中学历个体的创业可能性最大。唯一的例外是在 2000 年，使得"1997 年 18~60 岁未创业个体"创业可能性最大的受教育年数仅为 5.66 年；这是因为在 2000 年，还存在国有企业改制所带来的大量受教育程度较低的自雇型创业个体，他们拉低了"1997 年 18~60 岁未创业个体"在 2000 年使得创业可能性最大的受教育年数。

所以，对于"1997 年、2000 年 18~60 岁未创业个体"，受教育年数对其创业倾向的影响呈"倒 U 型"特征，且初中学历个体创业的可能性最大。

总之，我们以"1997 年、2000 年 18~60 岁未创业个体"为样本，考察了受教育程度对中国居民创业可能性的影响，得到了如下结论：受教育年数对中国居民创业倾向的影响呈"倒 U 型"特征，中等受教育程度（初中学历）个体的创业可能性最大。这完全证实了本书关于受教育程度对中国居民创业倾向影响的理论假设，且也与现实情况较为一致。根据全球创业观察报告（2006）发现，初等、中等受教育个体仍是创业者的主体。

表 3. 10　创业倾向最大的受教育年数

（以"1997 年、2000 年 18～60 岁未创业个体"为样本）

	2000 年创业可能性最大的受教育年数	2004 年创业可能性最大的受教育年数	2006 年创业可能性最大的受教育年数	2009 年创业可能性最大的受教育年数
1997 年 18～60 岁未创业个体	5. 66	8. 15	8. 22	7. 65
2000 年 18～60 岁未创业个体		8. 08	8. 11	7. 5

3.5　本章小结

本章考察了受教育年数对中国居民创业倾向的影响。个体可以选择工作，也可以不选择工作而创业。根据 Rees 和 Shah（1986），当创业的潜在收益大于其机会成本（主要指选择工作的潜在收益，主要包括两部分：潜在货币收益及因为从事某项工作得到他人和社会认同从而带来的心理上的满足）时，个体就会选择创业。

针对大学生群体"就业难"的情况，国家出台了"创业带动就业"的计划，希望通过支持大学生创业来解决大学生的就业问题；但是，大学生群体的创业现状非常不理想。这一反差使得进行受教育水平对创业倾向的研究很有必要。同时，在学术界，受教育水平对创业倾向的影响也受到了普遍的关注，很多学者进行了这方面的研究，但受教育水平对创业的影响还未有定论（Nadia Simoes et al.，2013；Brown et al.，2011a）。所以，本章实证分析了受教育水平对中国居民创业倾向的影响。

以 CHNS "1997 年、2000 年 18~60 岁个体" 为样本，实证研究了受教育水平对中国居民创业倾向的影响。挑选出 CHNS 数据中 "1997 年 18~60 岁个体"，这些个体在以后受调查年度（2000 年、2004 年、2006 年、2009 年）可能进行创业，也可能没有创业。采用这些个体在以后受调查年度（2000 年、2004 年、2006 年、2009 年）相关变量的数据，研究受教育水平对中国居民创业倾向的影响。挑选出 CHNS 数据中 "2000 年 18~60 岁个体"，这些个体在以后受调查年度（2004 年、2006 年、2009 年）可能创业，也可能没有创业。采用这些个体在以后受调查年度（2004 年、2006 年、2009 年）相关变量的数据，研究受教育水平对中国居民创业倾向的影响。研究发现，受教育水平对中国居民创业倾向的影响呈 "倒 U 型" 特征，且 8 年左右受教育水平（初中学历）个体进行创业的可能性最大；当受教育年数小于 8 年时，受教育年数的增加会增加创业的可能性；当受教育年数大于 8 年时，受教育年数的增加会减少创业的可能性。

以 CHNS "1997 年、2000 年 18~60 岁未创业个体" 为样本，对上述结论进行稳健性检验。稳健性检验的结论与基本回归的结论一致。

大学及以上学历个体由于在劳动力市场上获得一份较好工作的可能性较大，并由此得到更高的社会地位，他们创业的机会成本很大；同时，由于大学及以上学历个体贫乏的创业实践经验及创业的市场风险较大，他们创业的潜在收益较小。所以，大学及以上学历个体创业的可能性较小。初中学历个体具备丰富的创业经验，他们在低技能的传统服务业进行创业的潜在收益较大；同时，由于他们在正式劳动力市场上的竞争力较弱，获得一份较好工作的可能性较小，他们创业的机会成本小。初中学历个体创业的可能性较大。小学及以下学历个体所掌握的基本知识太少，认知能力较差，不能通过深度思考去判断和捕捉市场机会，他们创业的潜在收益小；且由于中国加入 WTO 后，对农民工的需求增加，农民工的工资上升，低学历个体创业的机会成本较大。所以，小学及以下学历个体创业的可能性较小。

所以，本章得到的结论是，受教育年数对中国居民创业倾向的影响呈"倒U型"特征，初中学历个体（约接受了8年的受教育年数）创业的可能性最大，小学及以下学历水平、高中及中职、大学及以上学历水平创业的可能性较小。

4 受教育水平对中国居民老板型创业倾向影响的实证分析

4.1 老板型创业与自雇型创业的划分

现有文献中，Earle Sakova（2000）已经探索了老板型创业和自雇型创业的划分。他认为，自我雇佣的性质是模棱两可的。一方面，一些创业个体很可能是成功的企业老板，他们发现新的机会、营销过程，发明新的产品、生产过程、营销方法；另一方面，一些创业个体也可能是因为极度贫穷而没有能力找到一份正规工作，从而不得不进入与失业者相差无几的落后部门从事创业。首先，一个自我雇佣的个人很可能是力图通过承担新的风险、开办新的企业而变得更加富有；其次，也可能是寻找一份仅能谋生糊口的职业。一个自我雇佣的个人很可能是发现新的市场和为他人创造新的工作，也可能是被市场所淘汰，从而不得不返回到自然经济下的自给自足状态。因此，高的创业率既可能是鼓励承担风险、创造工作和市场发展的反映，也可能是工资高于市场出清水平的经济主体部门缺少工作机会的反映。创业率的提高可能是对经济自由化和税收减免的反映，也可能是因为工薪部门对经济收缩和结构性冲击的不完美反应所导致。所以，自我雇佣的性质是模棱两可的。既然这样，就有必要将自我雇佣进行适当的分类以评估自我雇佣的性质。

Earle Sakova（2000）认为，转型经济中存在有雇工的个体经营者、无雇工的个体经营者（自己单独经营或者是自己经营时，存在家庭成员的免费帮助）。在有些特征方面，比如婚姻，有雇工的个体经营者和无雇工的个体经营者是接近的；在另一些特征方面，无雇工的个体经营者处于失业个体和有雇工的个体经营者的中间状态（性别、受教育水平、当地失业率、对风险的态度）；但在个人收入和创业精神上，有雇工的个体经营者和无雇工的个体经营者具备完全不同的特征。有雇工的个体经营者会获得比无雇工的个体经营者更多的收入；且相比无雇工的个体经营者，有雇工的个体经营者为他人创造了就业机会，因而代表真正的企业家精神。本书中，将有雇工的个体经营定义为老板型创业，而将无雇工的个体经营定义为自雇型创业。正是因为老板型创业个体较之自雇型创业个体代表了真正的企业家精神，所以前者是最有可能自愿从事创业的人。比较起来，自雇型创业个体的企业家精神就差了些，他们中的一些可能是成功的创业者，另一些很可能是由于公司或者部门的经营不良导致的失业而形成的创业者。因为失业，他们被迫从事一些必要的市场活动以确保生存。在回归分析中，假如老板型创业相比自雇型创业更能代表创业精神，那么，影响企业家精神的变量更强烈地影响前者。

Mandelman 等（2009）也持与之类似的观点。他认为，在中等收入的国家，存在一些具有企业家精神的老板型创业者所组成的创业部门；而有些能力低的个体，因为在劳动力市场上找到一份工作的机会比较少，所以，就成为了自雇型创业个体。Mandelman 等（2009）通过对阿根廷经济周期的研究，发现在中等收入的国家，存在相互隔离的自我雇佣部门，它由具有创新能力的、有雇员的老板型创业个体和不太可能找到一份工资收入工作的、低素质的、无雇员的自雇型创业个体组成。老板型创业富有创造力、充满活力；而自雇型创业则生产率较低。

Brown（2011）认为，老板型创业和自雇型创业这两类创业的性质不同，对就业的带动作用也存在很大的差别，因此研究受教育年数对这两种创业的不同影响对于就业政策的制定具有重要的作用。因此，没有区分这两种不同类型创业的实证研究将不能准确地揭示类似于受教育年数等变量的影响。而且，Brown（2011）认为，决定老板型创业和自雇型创业的因素所起的作用是不同的。比如，相对于自雇型创业个体，老板型创业个体有更高的受教育水平，因而教育在这两种不同类型的创业中对劳动力的管理和协调所起作用是不同的；小孩的数量、家庭规模、非劳动所得等变量与自雇型创业负相关，但与老板型创业正相关，暗示家庭特征在这两种不同类型的创业中所起的作用不同；金融风险对老板型创业和自雇型创业的影响也是不同的，老板型创业个体承担金融风险的意愿高于自雇型个体承担金融风险的意愿，所以，当金融风险增加时，个体从事老板型创业、自雇型创业的可能性均增加，但前者的增加幅度高于后者。

Parker（2004）认为，相对于自雇型创业个体，老板型创业个体拥有更高的受教育程度。

Hanley（2000）认为，老板型创业个体拥有的收入及资产都远远超出自雇型创业者。

4.2　变量定义

被解释变量是个人是否进行老板型创业。当个人进行老板型创业时，被解释变量（$entre_{it}$）取值 1，否则取值 0。在选择解释变量时，除了包括年度虚拟变量与受教育年数交叉项（$t \cdot edu_{it}$）、年度虚拟变量与受教育年数平方的交叉项（$t \cdot edu_{it}^2$）外，我们还选择了 Brown（2010）研究老板型创业及自雇型创业所加入的解释变量，包括年龄（age_{it}）、年龄平方（age_{it}^2）、个人收入（$income_{it}$）、性别（gender）、工作单位的类型（job_{it}）、婚姻（$marriage_{it}$）、家庭人数（$size_{it}$）。关于年龄（age_{it}）、个人收入（$income_{it}$）与性别（gender）对创业影响的观点与机制，已在前一章予以说明，而解释变量——工作单位的类型（job_{it}）、婚姻（$marriage_{it}$）、家庭人数（$size_{it}$）对创业的影响机制及其他学者的观点将在本章予以说明。

工作单位的类型（job_{it}）。Li 等（2009）认为，由于私有部门开始经营传统上属于国有企业的业务，所以，在公有部门所占比重较少、所起作用较小的地区，创业发生的可能性较大。因为接触其他创业者的可能性比较大，从更加发达的私有经济省份到来的农民工很可能创业；另外，由于在私有部门工作，农民工更有可能识别和追踪商业机会，从而很可能创业。除此之外，由于很多创业者是因为国有企业改制、乡镇企业倒闭等造成的失业和下岗而不得不创业。所以，我们在进行解释变量的选择时，加入了反映创业者创业之前的工作单位类型。关于工作单位的类型，CHNS 将工作单位的类型划分为 8 类：①政府机关；②国有事业单位和研究所；③国有企业；④小集体；⑤大集体；⑥家庭联产承包农业；⑦私营、个体企业；⑧三资企业。借鉴邢春冰（2005）对工作单位类型的划分，本书将①、②、③归类于国有部门（job1），将⑤归类于大集体（job2），将④归类于小集体（job3），将⑥、⑦、⑧归类于民营部门（job4），以民营部门（job4）为参照组。数据的选取与前文一致，扣除年龄不在 18~60 岁这一区间的个体，以便将样本集中于劳动力这个群体，同时剔除了个人信息如年龄、婚姻状态、性别和文化程度等存在数据缺失的个体（Zhao，1999a）。

婚姻（marriage$_{it}$）。对自我雇佣的积极影响在相关文献中已经取得了主流地位（尽管相对于其他的研究，关于婚姻对自我雇佣关系的研究文献还较少），这些文献包括 Brown 等（2011a）、Özcan（2011）、Poschke（2013）。Verbakel 和 de Graaf（2008，2009）的研究为婚姻状态影响劳动力市场结果提供了很好的证据。有如下几点理由（Parker，2009；Özcan，2011）：第一，已婚的个人，进行自我雇佣的潜在资本会增加。较多的资本不仅直接影响自我雇佣的可能性（Budig，2006），而且当出现资金问题时，它会确保自我雇佣活动会在较长的时间里继续进行。第二，配偶会从事商业活动，自我雇佣让个人从事最有兴趣的商业活动（Borjas，1986）。第三，配偶会提供强烈的情感支持，这对自我雇佣个体在情感方面的需求是至关重要的（Bosma et al.，2004）。Cowling（2000）的研究结论是一个例外，他发现，对于分析的 13 个国家中的大部分国家，婚姻对自我雇佣并没有正的影响。较之上述对婚姻和自我雇佣关系的明确预测，Becker（1991）从家庭的新古典理论中专业化假设提出的预测则不是很明确。根据这个观点，配偶会通过在家务劳动或者在市场活动中的专业化行为来最大化他们家庭的共同效用，该效用是个体生产率的函数。由于工作经验对于提高业绩是至关重要的，该理论框架暗示婚姻对其中从事家务劳动一方的劳动力市场成果有负面影响，对专业化市场工作的成果有正面影响。这暗示了其中的一方在婚后会更有可能从事自我雇佣。众所周知，女性承担了很大的家务劳动份额和小孩养育的劳动份额，这预示着，男性婚后从事自我雇佣的可能性更大，而女性则相反。Earle等（2000）认为，相对于已婚个体，单身的个体更有可能失业；Brown（2010）认为，相对于成为工薪阶层，已婚的个体更有可能从事老板型创业和自雇型创业。

家庭人数（$size_{it}$）。Brown（2010）认为，家庭人数与自雇型创业负相关，而与老板型创业正相关。

4.3　变量的描述性统计与说明

本节对"1997年18~60岁个体"在2000年、2004年、2006年、2009年的老板型创业个体和其他个体的相关变量进行描述性统计，相关内容如表4.1所示。

表4.1　老板型创业个体与其他个体相关变量的描述性统计

（以"1997年18~60岁个体"为样本，其他个体包括工薪阶层和自雇型创业个体）

变　量	2000年		2004年		2006年		2009年	
	老板型创业个体	其他个体	老板型创业个体	其他个体	老板型创业个体	其他个体	老板型创业个体	其他个体
$\overline{income}$	13812	7240	19265	8811	25760	11966	50954	18402
$\overline{age}$	39.59	40.26	41.03	44.21	43.02	45.36	45.68	46.71
marri rate	0.90	0.84	0.95	0.91	0.95	0.93	0.96	0.94
man rate	0.58	0.54	0.70	0.54	0.68	0.55	0.65	0.56

续表

变 量	2000 年		2004 年		2006 年		2009 年	
	老板型 创业个体	其他个体	老板型 创业个体	其他个体	老板型 创业个体	其他个体	老板型 创业个体	其他个体
$\overline{size}$	4.41	4.19	3.96	4.01	3.78	3.95	3.98	3.93
dip1	44 (0.28)	2091 (0.42)	18 (0.20)	1041 (0.40)	19 (0.21)	1003 (0.40)	19 (0.20)	875 (0.39)
dip2	70 (0.44)	1667 (0.34)	41 (0.47)	868 (0.33)	44 (0.48)	817 (0.32)	54 (0.57)	856 (0.38)
dip3	39 (0.25)	1012 (0.20)	28 (0.32)	616 (0.23)	25 (0.27)	568 (0.22)	18 (0.19)	429 (0.19)
dip4	5 (0.03)	167 (0.03)	1 (0.01)	106 (0.04)	3 (0.03)	137 (0.05)	3 (0.03)	87 (0.04)
$\overline{edu}$	8.52	7.55	8.90	7.85	9.02	7.81	8.75	7.70
job1	13	1334	0	482	0	432	0	330
job2	115	686	1	53	0	48	1	43
job3	23	2631	2	101	0	85	3	54
job4	7	286	85	1995	91	1960	90	1820
renkou	158 (3.16)	4937 (96.84)	88 (3.24)	2631 (96.76)	91 (3.88)	2525 (96.12)	94 (4.29)	2247 (95.71)

注：表中包括老板型创业个体和其他个体的平均收入水平（$\overline{income}$）、平均年龄（$\overline{age}$）、平均受教育年数（$\overline{edu}$）、家庭规模（$\overline{size}$）、各工作单位类型中的人数（job）、已婚者所占比例（marri rate）、男性比例（man rate）；各学历水平老板型创业个体人数（dip）及每一学历老板型创业个体人数在老板型创业总人数中的比例，各学历水平其他个体人数（dip）及每一学历其他个体人数在其他个体总人数中的比例；老板型创业总人口在总人口（renkou）中的比例，其他个体总人口在总人口（renkou）中的比例。

以"1997 年 18~60 岁个体"为样本，考察这些个体在 2000 年、2004 年、2006 年、2009 年相关变量的统计特征。结果发现，在 2000 年、2004 年、2006 年、2009 年，老板型创业个体所获得的收入高于其他个体所获得的收入，且两者之间有较大的差别；在上述四个受调查年度中，老板型创业的个体所获得的收入比其他个体所获得的收入分别高出 90.77%、118.65%、115.28%、176.80%。在年龄上，老板型创业个体与其他个体的平均年龄基本没有差别，前者略高于后者。在老板型创业个体和其他个体中，男性所占比例超过女性；且在老板型创业个体中，男性所占比例更大。在婚姻方面，不管是老板型创业个体，还是其他个体，基本都已结婚。在家庭人数上，老板型创业个体基本上与其他个体的家庭人数相等，均为 4 人左右。在 2000 年、2004 年、2006 年、2009 年，老板型创业人数分别为 158 人、88 人、91 人、94 人，在总人数中所占比例分别为 3.16%、3.24%、3.88%、4.29%。另外，除 2000 年外，绝大多数的老板型创业个体所属的工作单位的类型基本上属于家庭联产承包农业部门、私营企业、个体企业、三资企业。

考察"1997 年 18~60 岁个体"中老板型创业个体和其他个体的受教育情况。观察表 4.1 中老板型创业个体和其他个体的学历结构，我们发现，获得初中学历的老板型创业个体在老板型创业总个体中所占比例超过其他个体的这一比例，在 2000 年、2004 年、2006 年及 2009 年，大约分别有 44%、47%、48%、57% 的老板型创业个体获得了初中学历，大约分别有 34%、33%、32%、38% 的其他个体获得了初中学历。同时，获得高中及中职学历的老板型创业个体在老板型创业总个体中所占比例超过其他个体的这一比例，在 2000 年、2004 年、2006 年及 2009 年，大约分别有 25%、32%、27%、19% 的老板型创业个体获得了高中及中职学历，大约分别有 20%、23%、22%、19% 的其他个体获得了高中及中职学历。另外，老板型创业个体的平均受教育年数超过其他个体的平均受教育年数，在 2000 年、2004 年、2006 年及 2009 年，老板型创业个体的平均受教育年数分别为 8.52 年、8.90 年、9.02 年、8.75 年，而其他个体的平均受教育年数分别为 7.55 年、7.85 年、7.81 年、7.70 年。

图 4.1 是"1997 年 18~60 岁个体"在 2000 年、2004 年、2006 年、2009 年各学历水平老板型创业个体在老板型创业总个体中所占比例的柱状图。由图 4.1 可知，对于"1997 年 18~60 岁个体"，各学历水平老板型创业个体在老板型创业总个体中所占比例呈"倒 U 型"特征，且初中学历水平老板型创业个

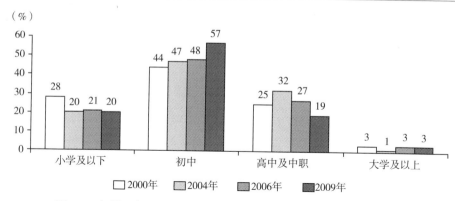

图 4.1 各学历水平老板型创业个体在老板型创业总个体中所占比例
（以"1997 年 18~60 岁个体"为样本）

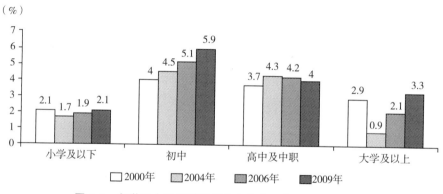

图 4.2 各学历水平老板型创业个体在总个体中所占比例
（以"1997 年 18~60 岁个体"为样本）

体在老板型创业总个体中所占比例最大。图 4.2 是"1997 年 18~60 岁个体"在 2000 年、2004 年、2006 年、2009 年各学历水平老板型创业个体在总个体中所占比例的柱状图。从图 4.2 中可以看出，对于"1997 年 18~60 岁个体"，各学历水平老板型创业个体在总个体中所占比例呈"倒 U 型"特征，且初中学历水平老板型创业个体在总个体中所占比例最大。

以"2000 年 18~60 岁个体"为样本，考察这些个体在以后受调查年度的相应变量的统计特征。结果发现，在 2004 年、2006 年、2009 年，老板型创业个体所获得的收入高于其他个体所获得的收入，且两者之间的差别较大；2004

年、2006 年、2009 年，老板型创业个体获得的收入分别是其他个体的 2.11
倍、2.04 倍、2.44 倍。在年龄上，老板型创业个体与其他个体的平均年龄基
本没有差别，均在 40 岁左右。在老板型创业个体和其他个体中，男性所占比
例超过女性；且在老板型创业个体中，男性所占比例更大。不管是老板型创业
个体，还是其他个体，基本都已结婚。老板型创业个体的家庭人数与其他个体
的家庭人数基本相等，均为 4 人左右。2004 年、2006 年、2009 年，老板型创
业人数分别为 119 人、111 人、131 人，在总人数中所占比例分别为 3.46%、
3.78%、4.58%。在上述三个受调查年度中，绝大部分老板型创业个体集中于
家庭联产承包农业、个体及私营企业、外资企业部门。

表 4.2　老板型创业个体与其他个体相关变量的描述性统计

(以"2000 年 18~60 岁个体"为样本，其他个体包括工薪阶层和自雇型创业个体)

变量	2004 年		2006 年		2009 年	
	老板型创业个体	其他个体	老板型创业个体	其他个体	老板型创业个体	其他个体
$\overline{income}$	18981	8983	25517	12483	44672	18336
$\overline{age}$	39.91	42.96	42.71	44.48	43.66	45.93
marri rate	0.94	0.89	0.95	0.92	0.96	0.93
man rate	0.66	0.54	0.61	0.54	0.65	0.56
$\overline{size}$	3.82	3.92	3.76	3.87	4.06	3.86
dip1	21 (0.18)	1141 (0.34)	19 (0.17)	1144 (0.36)	30 (0.23)	937 (0.34)
dip2	57 (0.48)	1167 (0.35)	56 (0.50)	1076 (0.34)	69 (0.53)	1079 (0.39)
dip3	40 (0.34)	826 (0.25)	32 (0.29)	764 (0.24)	28 (0.21)	556 (0.20)
dip4	1 (0.01)	187 (0.06)	4 (0.04)	223 (0.07)	4 (0.03)	160 (0.06)
$\overline{edu}$	9.09	8.20	9.25	8.21	8.78	8.03
job1	0	726	0	642	0	491
job2	1	72	0	56	1	48

续表

变量	2004 年		2006 年		2009 年	
	老板型创业个体	其他个体	老板型创业个体	其他个体	老板型创业个体	其他个体
job3	2	121	4	109	3	62
job4	116	2402	107	2400	127	2131
renkou	119 (3.46)	3321 (96.54)	111 (3.78)	3207 (96.22)	131 (4.58)	2732 (95.42)

注：表中包括老板型创业个体和其他个体的平均收入水平（$\overline{income}$）、平均年龄（$\overline{age}$）、平均受教育年数（$\overline{edu}$）、家庭规模（$\overline{size}$）、各工作单位类型中的人数（job）、已婚者所占比率（marri rate）、男性比例（man rate）；各学历水平老板型创业个体人数（dip）及每一学历老板型创业个体人数在老板型创业总人数中的比例，各学历水平其他个体人数（dip）及每一学历其他个体人数在其他个体总人数中的比例；老板型创业总人口在总人口（renkou）中的比例，其他个体总人口在总人口（renkou）中的比例。

考察"2000 年 18~60 岁个体"中老板型创业个体和其他个体的受教育情况。观察表 4.2 中初中老板型创业个体和其他个体的学历结构，我们发现，获得初中学历的老板型创业个体在老板型创业总个体中所占比例超过了其他个体的这一比例，在 2004 年、2006 年及 2009 年，大约分别有 48%、50%、53% 的老板型创业个体获得了初中学历，大约分别有 35%、34%、39% 的其他个体获得了初中学历。同时，获得高中及中职学历的老板型创业个体在老板型创业总个体中所占比例超过了其他个体的这一比例，在 2004 年、2006 年及 2009 年，大约分别有 34%、29%、21% 的老板型创业个体仅获得了高中及中职学历，大约分别有 25%、24%、20% 的其他个体仅获得了高中及中职学历。另外，老板型创业个体的平均受教育年数超过其他个体的平均受教育年数。在 2004 年、2006 年及 2009 年，老板型创业个体的平均受教育年数分别为 9.09 年、9.25 年、8.78 年，而其他个体的平均受教育年数分别为 8.20 年、8.21 年、8.03 年。

图 4.3 是"2000 年 18~60 岁个体"在 2004 年、2006 年、2009 年各学历水平老板型创业个体在老板型创业总个体中所占比例的柱状图。由图 4.3 可知，对于"1997 年 18~60 岁个体"，各学历水平老板型创业个体在老板型创

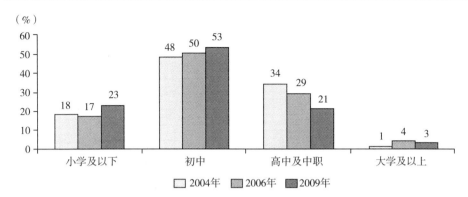

图 4.3　各学历水平老板型创业个体在老板型创业总个体中所占比例
（以"2000 年 18~60 岁个体"为样本）

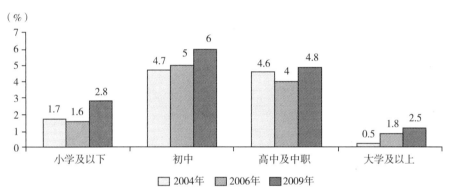

图 4.4　各学历水平老板型创业个体在总个体中所占比例
（以"2000 年 18~60 岁个体"为样本）

业总个体中所占比例呈"倒 U 型"特征，且初中学历水平老板型创业个体在老板型创业总个体中所占比例最大。图 4.4 是"2000 年 18~60 岁个体"在 2004 年、2006 年、2009 年各学历水平老板型创业个体在总个体中所占比例的柱状图。从图 4.4 可以看出，对于"2000 年 18~60 岁个体"，各学历水平老板型创业个体在总个体中所占比例呈"倒 U 型"特征，且初中学历水平老板型创业个体在总个体中所占比例最大。

4.4　估计结果及分析说明

本章的回归方程借鉴第 3 章的基准模型（3.4）。将基准模型（3.4）的被解释变量设置为老板型创业，当个人进行老板型创业时，则被解释变量取值 1，当个人没有进行老板型创业时，则被解释变量取值 0。在解释变量的设定上，回归方程中除了包含核心解释变量——受教育年数与年度虚拟变量的交叉项（$t \cdot edu_{it}$），受教育年数与年度虚拟变量平方的交叉项（$t \cdot edu_{it}^2$）外，还包括年龄（age_{it}）、年龄平方（age_{it}^2）、收入水平（$income_{it}$）、性别（gender）、婚姻（$marriage_{it}$）、工作单位类型（job_{it}）、家庭人数（$size_{it}$）、省份虚拟变量、年份虚拟变量。本章的回归模型如下：

$$Pr(entre_{it} = 1) = [1 + e^{-(\alpha + \Theta X' + \mu_{it})}]^{-1} \qquad (4.1)$$

式中：$\Theta = [\Theta_1, \Theta_2, \cdots, \Theta_{26}]$，$X = [t00 \cdot edu_{it} \quad t00 \cdot edu_{it}^2 \quad t04 \cdot edu_{it} \quad t04 \cdot edu_{it}^2 \quad t06 \cdot edu_{it} \quad t06 \cdot edu_{it}^2 \quad t09 \cdot edu_{it} \quad t09 \cdot edu_{it}^2 \quad gender \quad age_{it} \quad age_{it}^2 \quad income_{it} \quad job1 \quad job2 \quad job3 \quad p1 \quad p2 \quad p3 \quad p4 \quad p5 \quad p6 \quad p7 \quad p8 \quad t04 \quad t06 \quad t09]$。

本书以"1997 年 18~60 岁个体"为样本，采用这些个体在 2000 年、2004 年、2006 年、2009 年的数据，使用模型（4.1）来考察受教育水平对其从事老板型创业倾向的影响；以"2000 年 18~60 岁个体"为样本，采用这些个体在 2004 年、2006 年、2009 年的数据，使用剔除了变量 $t00 \cdot edu_{it}$、$t00 \cdot edu_{it}^2$、$t04$ 的模型（4.1）来考察受教育水平对其从事老板型创业倾向的影响。

首先考察受教育水平对"1997 年 18~60 岁个体"在 2000 年、2004 年、2006 年、2009 年从事老板型创业倾向的影响。当仅将年度虚拟变量与受教育年数的交叉项（$t \cdot edu_{it}$）作为核心解释变量时，观察表 4.3 第（2）列，我们发现各年的年度虚拟变量与受教育年数交叉项（$t \cdot edu_{it}$）的系数均不显著，这说明，受教育年数对老板型创业倾向的影响并不是线性的。其次，不仅将年度虚拟变量与受教育年数的交叉项（$t \cdot edu_{it}$）作为核心解释变量，而且将年度虚拟变量与受教育年数平方的交叉项（$t \cdot edu_{it}^2$）作为核心解释变量，考察受教育年数对"1997 年 18~60 岁个体"从事老板型创业倾向的影响。表 4.3 第（1）列是老板型创业对年度虚拟变量与受教育年数交叉项（$t \cdot edu_{it}$）、年度虚拟变量与受教育年数平方交叉项（$t \cdot edu_{it}^2$）等核心解释变量的估计结果。从表 4.3 的第（1）列中可以看出，"1997 年 18~60 岁个体"在 2004 年、2006 年、2009 年，年度虚拟变量与受教育年数交叉项（$t \cdot edu_{it}$）的系数为正，并且均在 2006 年不在 5% 的水平上显著；2004 年、2006 年、2009 年的年度虚拟变量与受教育年数平方的交叉项（$t \cdot edu_{it}^2$）系数为负。这说明，"1997 年 18~60 岁个体"在 2004 年、2006 年、2009 年，受教育年数对老板型创业倾向的影响呈"倒 U 型"特征：即在达到某一受教育水平之前，受教育年数的提高会使老板型创业倾向上升；当受教育年数超过这一受教育水平后，受教育年数的进一步提高则会使老板型创业的可能性下降。至于在 2000 年，受教育年数与老板型创业之间依然呈"倒 U 型"关系，只是 2000 年的年度虚拟变量与受教育年数的交叉项（$t00 \cdot edu_{it}$）系数和 2000 年的年度虚拟变量与受教育年数平方的交叉项（$t00 \cdot edu_{it}^2$）系数均不显著。这很可能与 20 世纪 90 年代中后期国有企业倒闭导致的大量失业有关。在 20 世纪 90 年代中后期，由于宏观经济衰退、东南亚金融危机导致的国有企业旨在减员增效的就业制度改革，使得数千万城镇职工下岗，其中一些人或处于失业状态，或退出了劳动力市场。另外，我国在 20 世纪 90 年代中期对产业结构进行了大规模的调整，削减了一些产业（比如纺织业和采矿业）的多余生产能力，也导致国有企业就业的下降。极为恶化的宏观经济环境，使得老板型创业的个体很少；即使存在创业，绝大多数也是由于失业而不得不进行谋生糊口的自雇型创业。这使得在 2000 年，受教育年数对老板型创业倾向没有显著影响。

以"2000 年 18~60 岁个体"为样本，考察"2000 年 18~60 岁个体"在 2004 年、2006 年和 2009 年，受教育水平对其老板型创业倾向的影响。采用模型（4.1），考察受教育水平对"2000 年 18~60 岁个体"在 2004 年、2006 年、2009 年从事老板型创业倾向的影响。当核心解释变量仅存在年度虚拟变量与受教育年数的交叉项（$t \cdot edu_{it}$）时，观察表 4.3 第（4）列，发现各年的年度虚拟变量与受教育年数的交叉项（$t \cdot edu_{it}$）系数均不显著，这说明，受教育年数对老板型创业倾向的影响并不是线性的。然后，不仅将年度虚拟变量与受教育年数的交叉项（$t \cdot edu_{it}$）作为核心解释变量，而且将年度虚拟变量与受教育年数平方的交叉项（$t \cdot edu_{it}^2$）作为核心解释变量，考察受教育年数对"2000 年 18～60 岁个体"从事老板型创业倾向的影响。表 4.3 第（3）列是老板型创业对年度虚拟变量与受教育年数交叉项（$t \cdot edu_{it}$）、年度虚拟变量与受教育年数平方的交叉项（$t \cdot edu_{it}^2$）等核心解释变量的估计结果。从表 4.3 的第（3）列中可以看出，"2000 年 18～60 岁个体"在 2004 年、2006 年、2009年，各年的年度虚拟变量与受教育年数的交叉项（$t \cdot edu_{it}$）系数为正；且 2004 年、2006 年、2009 年的年度虚拟变量与受教育年数平方的交叉项（$t \cdot edu_{it}^2$）系数为负，并且均在 1% 的水平上显著。这说明，"2000 年 18～60 岁个体"在 2004 年、2006 年、2009 年，受教育年数对老板型创业倾向的影响也呈"倒 U 型"特征：即在达到某一受教育水平之前，受教育年数的提高会使老板型创业倾向上升；当受教育年数超过这一水平之后，受教育年数的进一步提高则会使老板型创业的可能性下降。

与老板型创业相比较，受教育程度较高的个人更愿意在工资部门上班。一方面，受教育程度较高的个体从事老板型创业的潜在收入低。首先，2000 年后，我国短缺经济消失，市场竞争激烈，且中国加入 WTO 后，中国经济受全球经济波动的风险变大，老板型创业的市场风险变大。其次，我国存在的对个体、私有经济的大量闲置使得老板型创业所面临的制度成本、交易成本仍然很大。最后，高学历个体并不具备创业实践能力，他们开发产品、市场运作、经营管理的实践经验几乎没有。由于以上三个方面的原因，受教育程度较高的个体进行老板型创业的潜在收入低。另外，因为老板型创业的规模较大，所以受教育程度较高的个体进行老板型创业的潜在成本比较高。因此，受教育程度较高个体进行老板型创业的潜在收益就低。但是，接受更高教育程度的个人存在更高的进行老板型创业的机会成本。根据人力资本理论（Human Capital Theory）及信号理论（Signal Theory），受教育程度较高的个体在劳动力市场上的竞争力较强，成功选择一份好工作的概率较大，特别是 2000 年后，中国经济的高速发展为高学历个体提供了大量的高薪工作岗位。由于受教育程度较高的个体进行老板型创业的潜在收益小而机会成本很高，这部分个体更有可能选择工作而非进行老板型创业。低学历个体基本不拥有什么理论知识及专业知识，他们拥有的人力资本较少，劳动生产率较低，他们基本上只能从事收入较低的脏、重、累等体力劳动。但是，如果低学历个体选择进行老板型创业，则他们会处于更加不利的地位。他们根本不具备最基本的知识去选择、经营创业项目，去承担、规避各种市场风险。所以，低学历个体基本上不会从事老板型创业。尽管低学历个体从事老板型创业的机会成本极低，但由于他们从事老板型创业很可能亏损，这使得他们进行老板型创业的可能性很低。初中学历个体具备了一定的理解、阅读、分析、思维及认知能力，且由于他们较早踏出校门进入社会，使得他们具有丰富多样的人生阅历和经验。相当一部分初中学历个体有一定的管理能力和创业实践能力；他们能够识别创业机会、选择、经营好的创业项目，也能够成功地处理创业中的各种人际关系，从而使得他们进行老板型创业的潜在收入大。而且，中国的大多数创业都集中在低技能、不熟练的行业，这使得他们进行老板型创业的潜在成本也低。由于他们进行老板型创业的潜在收入大而潜在成本低，故初中学历个体进行老板型创业的潜在收益较高。但是，初中学历个体获得一份受人尊敬的、薪水丰厚的正式工作的可能性较低，他们进行老板型创业的机会成本低（Von Greiff，2009）。由于大部分初中学历个体进行老板型创业的潜在收益较高而机会成本低，所以，这部分个体进行老板型创业的可能性较大。

表 4.3　受教育水平对老板型创业倾向的影响

（以"1997 年、2000 年 18~60 岁个体"为样本）

变　量	1997 年 18~60 岁个体		2000 年 18~60 岁个体	
	（1）	（2）	（3）	（4）
$t00 \cdot edu_{it}$	0.062 (0.544)	−0.013 (0.685)		
$t00 \cdot edu_{it}^2$	−0.004 (0.446)			

续表

变量	1997 年 18~60 岁个体		2000 年 18~60 岁个体	
	(1)	(2)	(3)	(4)
$t04 \cdot edu_{it}$	0.375 ** (0.026)	0.046 (0.215)	0.487 *** (0.004)	0.057 (0.125)
$t04 \cdot edu_{it}^2$	-0.020 ** (0.040)		-0.025 *** (0.008)	
$t06 \cdot edu_{it}$	0.555 *** (0.001)	0.026 (0.444)	0.665 *** (0.000)	0.055 (0.131)
$t06 \cdot edu_{it}^2$	-0.032 *** (0.001)		-0.035 *** (0.000)	
$t09 \cdot edu_{it}$	0.311 ** (0.050)	0.011 (0.770)	0.378 ** (0.011)	0.007 (0.831)
$t09 \cdot edu_{it}^2$	-0.019 ** (0.048)		-0.023 *** (0.009)	
省份	随机效应	随机效应	随机效应	随机效应
年份	随机效应	随机效应	随机效应	随机效应
常数	-11.299 *** (0.000)	-11.272 *** (0.000)	-10.630 *** (0.000)	-9.751 *** (0.000)
Wald chi2	304.67 *** (0.000)	296.87 *** (0.000)	131.25 *** (0.000)	119.00 *** (0.000)
观测值	12699	12699	9821	9821

注：括号内数值为 p 值，*** 表示 $p<0.01$，** 表示 $p<0.05$，* 表示 $p<0.1$。还控制了年龄、年龄平方、收入水平、性别、婚姻、工作单位类型、家庭人数、省份、年份，为了节约篇幅，就没有报告这些控制变量的回归结论。

通过将"1997 年、2000 年 18~60 岁个体"在各受调查年度使得老板型创业可能性最大的受教育年数列示于表 4.4，我们发现，使得老板型创业可能性最大的受教育年数绝大部分约为 9 年，即初中学历个体的老板型创业可能性最大。

表 4.4　老板型创业倾向最大的受教育年数

（以 **"1997 年、2000 年 18~60 岁个体"** 为样本）

	2000 年老板型创业倾向最大的受教育年数	2004 年老板型创业倾向最大的受教育年数	2006 年老板型创业倾向最大的受教育年数	2009 年老板型创业倾向最大的受教育年数
1997 年 18~60 岁个体	不显著	9.38	8.67	8.71
2000 年 18~60 岁个体		9.74	9.5	8.22

4.5　稳健性检验

虽然我们发现个体受教育年数对老板型创业倾向的影响是"倒 U 型"的，但是，该结论是不是一个偶然？个体受教育年数对老板型创业倾向的"倒 U 型"影响会不会随着样本的变化而变化？在本节中，我们不再使用"1997 年、2000 年 18~60 岁个体"为样本，考察受教育程度对老板型创业倾向的影响，而使用"1997 年、2000 年 18~60 岁未进行老板型创业个体"为样本，来考察受教育年数对老板型创业倾向的影响。我们对"1997 年、2000 年 18~60 岁未进行老板型创业个体"的特征进行相应的描述与说明。

4.5.1　变量的描述性统计与说明

首先，本节对"1997 年 18~60 岁未进行老板型创业个体"在 2000 年、2004 年、2006 年、2009 年的老板型创业个体和其他个体的相关变量进行描述性统计，相关内容如表 4.5 所示。

表4.5 老板型创业个体与其他个体相关变量的描述性统计（以"1997年18~60岁未进行老板型创业个体"为样本，其他个体包括工薪阶层和自雇型创业个体）

变量	2000年		2004年		2006年		2009年	
	老板型创业个体	其他个体	老板型创业个体	其他个体	老板型创业个体	其他个体	老板型创业个体	其他个体
$\overline{income}$	12433	7112	17242	8748	23653	11703	50658	18267
$\overline{age}$	39.47	40.53	40.95	44.41	43.10	45.61	45.15	46.91
marri rate	0.91	0.85	0.97	0.91	0.97	0.93	0.99	0.94
man rate	0.62	0.54	0.70	0.56	0.68	0.55	0.67	0.57
$\overline{size}$	4.03	3.91	3.14	3.11	2.98	2.87	3.25	2.95
dip1	38 (0.33)	1911 (0.42)	16 (0.22)	1005 (0.40)	18 (0.22)	956 (0.41)	15 (0.19)	833 (0.39)
dip2	44 (0.38)	1573 (0.35)	36 (0.49)	815 (0.33)	42 (0.52)	763 (0.32)	45 (0.58)	806 (0.38)
dip3	30 (0.26)	913 (0.20)	21 (0.28)	576 (0.23)	18 (0.22)	516 (0.22)	14 (0.18)	395 (0.19)
dip4	3 (0.03)	144 (0.03)	1 (0.01)	94 (0.04)	3 (0.04)	122 (0.05)	3 (0.04)	82 (0.04)
$\overline{edu}$	8.33	7.48	8.75	7.75	8.90	7.74	8.84	7.65
job1	12	1239	0	458	0	412	0	313
job2	76	597	1	53	0	45	1	39
job3	22	2526	1	91	3	72	3	43
job4	5	179	72	1888	78	1828	73	1721
renkou	115 (2.44)	4541 (97.58)	74 (3.32)	2490 (96.68)	81 (3.32)	2357 (96.68)	77 (3.70)	2116 (96.30)

注：表中包括老板型创业个体和其他个体的平均收入水平（$\overline{income}$）、平均年龄（$\overline{age}$）、平均受教育年数（$\overline{edu}$）、家庭规模（$\overline{size}$）、各工作单位类型中的人数（job）、已婚者所占比例（marri rate）、男性比例（man rate）；各学历水平老板型创业个体人数（dip）及每一学历老板型创业个体人数在老板型创业总人数中的比例，各学历水平其他个体人数（dip）及每一学历其他个体人数在其他个体总人数中的比例；老板型创业总人口在总人数（renkou）中的比例，其他个体总人口在总人数（renkou）中的比例。

以"1997年18~60岁未进行老板型创业个体"为样本,并考察这些个体的相应变量的统计特征。结果发现,老板型创业个体所获得的收入明显高于其他个体所获得的收入,在2000年、2004年、2006年、2009年,进行老板型创业的个体所获得的创业收入比其他个体所获得的收入分别高出74%、97%、102%、177%。在年龄上,老板型创业个体与其他个体的平均年龄基本没有差别,均在40~45岁。在老板型创业个体和其他个体中,男性所占比例超过女性,且男性在老板型创业个体中所占比例更大。不管是老板型创业个体,还是其他个体,基本上都已经结婚。老板型创业个体的家庭人数与其他个体的家庭人数基本相等,均为4人左右。在2000年、2004年、2006年、2009年,老板型创业人数分别为115人、74人、81人、77人,在总人数中所占比例分别为2.44%、3.32%、3.22%、3.70%。除2000年外,绝大部分老板型创业个体集中于家庭联产承包农业、个体及私营企业、外资企业部门。

考察"1997年18~60岁未进行老板型创业个体"中老板型创业个体和其他个体的受教育情况。观察表4.5中老板型创业个体和其他个体的学历结构,我们发现,老板型创业个体、其他个体的受教育水平绝大部分集中于小学及以下学历、初中学历水平。在2000年、2004年、2006年及2009年,大约分别有33%、22%、22%、19%的老板型创业个体仅获得了小学及以下学历,有44%、36%、42%、45%的老板型创业个体仅获得了初中学历;在2000年、2004年、2006年及2009年,大约分别有42%、40%、41%、39%的其他个体仅获得了小学及以下学历,有35%、33%、32%、38%的其他个体仅获得了初中学历。另外,老板型创业个体的平均受教育水平高于其他个体的平均受教育水平,在2000年、2004年、2006年及2009年,老板型创业个体的平均受教育年数分别为8.33年、8.75年、8.90年、8.84年,而其他个体的平均受教育年数分别为7.48年、7.75年、7.74年、7.65年。

图4.5是"1997年18~60岁未进行老板型创业个体"在2000年、2004年、2006年、2009年各学历水平老板型创业个体在老板型创业总个体中所占比例的柱状图。由图4.5可知,对于"1997年18~60岁未进行老板型创业个体",各学历水平老板型创业个体在老板型创业总个体中所占比例呈"倒U型"特征,且初中学历水平老板型创业个体在老板型创业总个体中所占比例

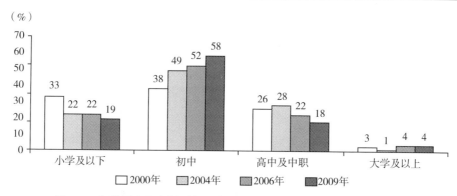

图 4.5　各学历水平老板型创业个体在老板型创业总个体中所占比例
（以"1997 年 18～60 岁未进行老板型创业个体"为样本）

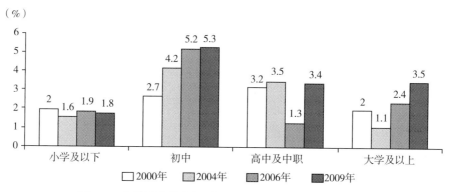

图 4.6　各学历水平老板型创业个体在总个体中所占比例
（以"1997 年 18～60 岁未进行老板型创业个体"为样本）

最大。图 4.6 是"1997 年 18～60 岁未进行老板型创业个体"在 2000 年、2004 年、2006 年、2009 年各学历水平老板型创业个体在总个体中所占比例的柱状图。从图 4.6 可以看到，对于"1997 年 18～60 岁未进行老板型创业个体"，各学历水平老板型创业个体在总个体中所占比例呈"倒 U 型"特征。在 2004 年、2006 年、2009 年，初中学历水平老板型创业个体在总个体中所占比例最大；在 2000 年，高中及中职学历水平老板型创业个体在总个体中所占比例最大。

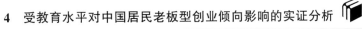

表 4.6 老板型创业个体与其他个体相关变量的描述性统计（以"2000 年
18~60 岁未进行老板型创业个体"为样本，其他个体包括工薪阶层和自雇型创业个体）

变 量	2004 年		2006 年		2009 年	
	老板型创业个体	其他个体	老板型创业个体	其他个体	老板型创业个体	其他个体
$\overline{income}$	17397	8970	24849	12462	40805	18316
$\overline{age}$	40.24	43.25	42.67	44.83	43.34	46.25
marri rate	0.95	0.91	0.95	0.93	0.96	0.93
man rate	0.69	0.54	0.61	0.55	0.66	0.57
$\overline{size}$	3.91	3.93	3.77	3.89	4.00	3.86
dip1	15 (0.18)	1160 (0.37)	18 (0.20)	1067 (0.37)	29 (0.25)	957 (0.38)
dip2	43 (0.51)	1051 (0.34)	50 (0.56)	949 (0.33)	62 (0.54)	960 (0.38)
dip3	25 (0.30)	748 (0.24)	19 (0.21)	689 (0.24)	22 (0.19)	490 (0.19)
dip4	1 (0.01)	163 (0.05)	2 (0.02)	194 (0.07)	2 (0.02)	141 (0.06)
$\overline{edu}$	9.02	8.12	8.85	8.14	8.56	7.95
job1	0	674	0	597	0	449
job2	1	61	0	47	1	44
job3	1	108	3	93	2	53
job4	82	2279	86	2162	112	2002
renkou	84 (2.94)	3122 (97.06)	89 (3.29)	2899 (96.71)	115 (4.65)	2548 (95.35)

注：表中包括老板型创业个体和其他个体的平均收入水平（$\overline{income}$）、平均年龄（$\overline{age}$）、平均受教育年数（$\overline{edu}$）、家庭平均人口（$\overline{size}$）、各工作单位类型中的人数（job）、已婚者所占比率（marri rate）、男性比例（man rate）；各学历水平老板型创业个体人数（dip）及每一学历老板型创业个体人数在老板型创业总人数中的比例，各学历水平其他个体人数（dip）及每一学历其他个体人数在其他个体总人数中的比例；老板型创业总人口在总人口（renkou）中的比例，其他个体总人口在总人口（renkou）中的比例。

以"2000 年 18~60 岁未进行老板型创业个体"为样本，并考察这些个体的相应变量的统计特征。结果发现，老板型创业个体所获得的收入明显高于其他个体所获得的收入，在 2004 年、2006 年、2009 年，进行老板型创业的个体所获得的创业收入比其他个体所获得的收入分别高出 81%、97%、123%。在年龄上，老板型创业个体与其他个体的平均年龄相差无几。在老板型创业个体和其他个体中，男性所占比例均超过女性，且男性在老板型创业个体中所占比例更大。不管是老板型创业个体，还是其他个体，基本上都已经结婚。老板型创业个体的家庭人数与其他个体的家庭人数基本相等，均为 4 人左右。在 2004 年、2006 年、2009 年，老板型创业人数分别为 84 人、89 人、115 人，在总人数中所占比例分别为 2.94%、3.29%、4.65%。在上述三个年度，所考察的样本绝大部分集中于家庭联产承包农业、个体及私营企业、外资企业部门。

考察"2000 年 18~60 岁未进行老板型创业个体"中的老板型创业个体和其他个体的受教育情况。观察表 4.6 中老板型创业个体和其他个体的学历结构，我们发现，具有初中学历的老板型创业个体所占比例最大，而其他个体的受教育水平绝大部分集中于初中及以下学历水平。在 2004 年、2006 年及 2009 年，大约分别有 43%、50%、62% 的老板型创业个体仅获得了初中学历；在 2004 年、2006 年及 2009 年，大约分别有 37%、37%、38% 的其他个体仅获得了小学及以下学历，有 34%、33%、38% 的其他个体仅获得了初中学历。另外，在 2004 年、2006 年及 2009 年，老板型创业个体的平均受教育水平高于其他个体的平均受教育水平，在 2004 年、2006 年及 2009 年，老板型创业个体的平均受教育年数分别为 9.02 年、8.85 年、8.56 年，而其他个体的平均受教育年数分别为 8.12 年、8.14 年、7.95 年。

图 4.7 是"2000 年 18~60 岁未进行老板型创业个体"在 2004 年、2006 年、2009 年各学历水平老板型创业个体在老板型创业总个体中所占比例的柱状图。从图 4.7 可以看出，对于"2000 年 18~60 岁未进行老板型创业个体"，各学历水平老板型创业个体在老板型创业总个体中所占比例呈"倒 U 型"特征，且初中学历水平老板型创业个体在老板型创业总个体中所占比例最大。图

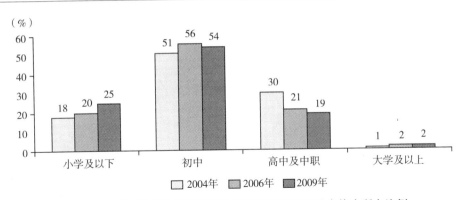

图 4.7　各学历水平老板型创业个体在老板型创业总个体中所占比例
(以"2000 年 18~60 岁未进行老板型创业个体"为样本)

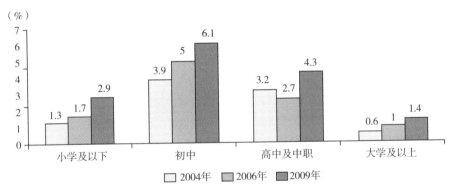

图 4.8　各学历水平老板型创业个体在总个体中所占比例
(以"2000 年 18~60 岁未进行老板型创业个体"为样本)

4.8 是"2000 年 18~60 岁未进行老板型创业个体"在 2004 年、2006 年、2009 年各学历水平老板型创业个体在总个体中所占比例的柱状图。由图 4.8 可以发现,对于"2000 年 18~60 岁未进行老板型创业个体",各学历水平老板型创业个体在总个体中所占比例呈"倒 U 型"特征,且初中学历水平老板型创业个体在总个体中所占比例最大。

4.5.2　估计结果及分析说明

我们以"1997 年 18~60 岁未进行老板型创业个体"为样本,采用这些个体在 2000 年、2004 年、2006 年、2009 年的数据，然后使用模型（4.1）来考察受教育水平对其从事老板型创业倾向的影响；以"2000 年 18~60 岁未进行老板型创业个体"为样本，采用这些个体在 2004 年、2006 年、2009 年的数据，然后使用剔除了变量 $t00 \cdot edu_{it}$、$t00 \cdot edu_{it}^2$、$t04$ 的模型（4.1）来考察受教育水平对其从事老板型创业倾向的影响。当个人进行老板型创业时，模型（4.1）中的被解释变量取值 1，否则取值 0。

表 4.7　稳健性检验——个体受教育水平对老板型创业倾向影响的回归

（以"1997 年、2000 年 18~60 岁未进行老板创业个体"为样本）

变　量	1997 年未进行老板型创业个体		2000 年未进行老板型创业个体	
	（1）	（2）	（3）	（4）
$t00 \cdot edu_{it}$	0.019	-0.033		
	(0.858)	(0.357)		
$t00 \cdot edu_{it}^2$	-0.003			
	(0.629)			
$t04 \cdot edu_{it}$	0.360**	0.026	0.553***	0.050
	(0.047)	(0.521)	(0.008)	(0.231)
$t04 \cdot edu_{it}^2$	-0.020*		-0.030**	
	(0.054)		(0.012)	
$t06 \cdot edu_{it}$	0.643***	0.018	0.727**	0.016
	(0.002)	(0.623)	(0.000)	(0.661)
$t06 \cdot edu_{it}^2$	-0.038***		-0.043***	
	(0.001)		(0.000)	
$t09 \cdot edu_{it}$	0.310*	0.018	0.421***	-0.004
	(0.081)	(0.675)	(0.008)	(0.906)
$t09 \cdot edu_{it}^2$	-0.018*		-0.027***	
	(0.083)		(0.005)	
省份	随机效应	随机效应	随机效应	随机效应
年份	随机效应	随机效应	随机效应	随机效应

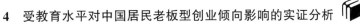

续表

变 量	1997 年未进行老板型创业个体		2000 年未进行老板型创业个体	
	（1）	（2）	（3）	（4）
常数	−11.091 ***	−11.075 ***	−11.004 ***	−9.550 ***
	（0.000）	（0.000）	（0.000）	（0.000）
Wald chi2	229.09 ***	221.20 ***	116.35 ***	102.41 ***
	（0.000）	（0.000）	（0.000）	（0.000）
观测值	11853	11853	8857	8857

注：括号内数值为 p 值，*** 表示 p<0.01，** 表示 p<0.05，* 表示 p<0.1。还控制了年龄、年龄平方、收入水平、性别、婚姻、工作单位类型、家庭人数、省份、年份，为了节约篇幅，就没有报告这些控制变量的回归结论。

首先，以"1997 年 18~60 岁未进行老板型创业个体"为样本，考察受教育水平对这些个体在以后受调查年度进行老板型创业的影响。当仅将年度虚拟变量与受教育年数的交叉项（t·edu_{it}）作为核心解释变量时，观察表 4.7 第（2）列，发现各年的年度虚拟变量与受教育年数交叉项（t·edu_{it}）的系数均不显著，这说明，受教育年数对老板型创业倾向的影响并不是线性的。其次，不仅将年度虚拟变量与受教育年数的交叉项（t·edu_{it}）作为核心解释变量，而且将年度虚拟变量与受教育年数平方的交叉项（t·edu_{it}^2）作为核心解释变量，考察受教育年数对"1997 年 18~60 岁未进行老板型创业个体"从事老板型创业的影响。表 4.7 第（1）列是老板型创业对年度虚拟变量与受教育年数交叉项（t·edu_{it}）、年度虚拟变量与受教育年数平方的交叉项（t·edu_{it}^2）等变量的估计结果。从回归结果表 4.7 的第（1）列可以看出，"1997 年 18~60 岁未进行老板型创业个体"在 2004 年、2006 年、2009 年，年度虚拟变量与受教育年数的交叉项（t·edu_{it}）系数为正，且 2004 年、2006 年、2009 年的年度虚拟变量与受教育年数平方的交叉项（t·edu_{it}^2）系数为负。这说明，"1997 年 18~60 岁未进行老板型创业个体"在 2004 年、2006 年、2009 年，受教育年数对老板型创业倾向的影响是"倒 U 型"的：即在达到某一受教育年数之前，受教育年数的提高会使老板型创业倾向上升，当受教育年数超过这一受教育水平之后，受教育年数的进一步提高则会使老板型创业的可能性下降。至于在 2000 年，受教育年数与老板型创业之间依然呈"倒 U 型"关系，只是 2000 年的年度虚拟变量与受教育年数的交叉项（$t00 \cdot edu_{it}$）系数、2000 年的年度虚拟变量与受教育年数平方的交叉项（$t00 \cdot edu_{it}^2$）系数不显著。通过观察表 4.5 中老板型创业个体的学历分布情况，我们发现，2000 年，老板型创业个体中的小学及以下学历个体、初中学历个体、高中及中职学历个体、大学及以上学历个体分别为 38 人、44 人、30 人、3 人；这说明，2000 年，"1997 年 18～60 岁未进行老板型创业个体"在小学及以下学历、初中学历、高中及中职学历的分布上并没有显著的差异，所以，受教育年数与老板型创业倾向之间呈"倒 U 型"关系，但回归系数并不显著。

以"2000 年 18～60 岁未进行老板型创业个体"为样本，考察"2000 年 18～60 岁未进行老板型创业个体"在 2004 年、2006 年和 2009 年，受教育水平对其从事老板型创业倾向的影响。采用剔除了变量 $t00 \cdot edu_{it}$、$t00 \cdot edu_{it}^2$、t04 后的模型（4.1），考察受教育水平对"2000 年 18～60 岁未进行老板型创业个体"从事老板型创业倾向的影响。当仅将年度虚拟变量与受教育年数的交叉项（$t \cdot edu_{it}$）作为核心解释变量时，观察表 4.7 第（4）列，发现各年的年度虚拟变量与受教育年数交叉项（$t \cdot edu_{it}$）的系数均不显著，这说明，受教育年数对老板型创业倾向的影响并不是线性的。然后，不仅将年度虚拟变量与受教育年数的交叉项（$t \cdot edu_{it}$）作为核心解释变量，而且将年度虚拟变量与受教育年数平方的交叉项（$t \cdot edu_{it}^2$）作为核心解释变量，考察受教育年数对"2000 年 18～60 岁未进行老板型创业个体"从事老板型创业可能性的影响。表 4.7 第（3）列是老板型创业对年度虚拟变量与受教育年数交叉项（$t \cdot edu_{it}$）、年度虚拟变量与受教育年数平方的交叉项（$t \cdot edu_{it}^2$）等变量的估计结果。从回归结果表 4.7 的第（3）列可以看出，"2000 年 18～60 岁未进行老板型创业个体"在 2004 年、2006 年、2009 年，年度虚拟变量与受教育年数的交叉项（$t \cdot edu_{it}$）系数为正，且 2004 年、2006 年、2009 年的年度虚拟变量与受教育年数平方的交叉项（$t \cdot edu_{it}^2$）系数为负，并且均在 1%的水平上显著。这说明，"2000 年 18～60 岁未进行老板型创业个体"在 2004 年、2006 年、2009 年，受教育年数与老板型创业倾向之间呈"倒 U 型"关系：即在达到某一受教育水平之前，受教育年数的提高会使老板型创业倾向上升，当受教育年数超过这一受教育水平之后，受教育水平的进一步提高则会使老板型创业的可能性下降。

通过将"1997年、2000年18~60岁未进行老板型创业个体"在各受调查年度使得老板型创业可能性最大的受教育年数列示于表4.8，我们发现，使得老板型创业可能性最大的受教育年数绝大部分约为9年，即初中学历个体的老板型创业可能性最大。

表 4.8　老板型创业倾向最大的受教育年数

（以"1997年、2000年18~60岁未进行老板型创业个体"为样本）

	2000年老板型创业倾向最大的受教育年数	2004年老板型创业倾向最大的受教育年数	2006年老板型创业倾向最大的受教育年数	2009年老板型创业倾向最大的受教育年数
1997年18~60岁未进行老板型创业个体	不显著	9	8.46	8.61
2000年18~60岁未进行老板型创业个体		9.22	8.45	7.80

4.6　本章小结

鉴于老板型创业和自雇型创业之间的异质性，特别是相对于自雇型创业，老板型创业更富有创新精神，所以，有必要将创业区分为老板型创业与自雇型创业，分别考察受教育水平对老板型创业倾向、自雇型创业倾向的影响。本章着重考察受教育水平对老板型创业倾向的影响。

以CHNS"1997年、2000年18~60岁个体"为样本，实证研究了受教育水平对中国居民老板型创业倾向的影响。挑选出CHNS数据中"1997年18~60岁个体"，这些个体在以后受调查年度（2000年、2004年、2006年、2009

年）可能进行了老板型创业，也可能没有进行老板型创业。采用这些个体在以后受调查年度（2000 年、2004 年、2006 年、2009 年）相关变量的数据，研究受教育水平对中国居民老板型创业倾向的影响。挑选出 CHNS 数据中"2000 年 18~60 岁个体"，这些个体在以后受调查年度（2004 年、2006 年、2009 年）可能进行了老板型创业，也可能没有进行老板型创业。采用这些个体在以后受调查年度（2004 年、2006 年、2009 年）相关变量的数据，研究受教育水平对中国居民老板型创业倾向的影响。研究发现，受教育水平对中国居民老板型创业倾向的影响呈"倒 U 型"特征，且初中学历个体进行老板型创业的可能性最大。

老板型创业意味着较大的投入成本、较高的市场风险，与大学及以上学历个体没有创业的实践能力，这使得高学历个体从事老板型创业的潜在收益低；同时，由于大学及以上学历个体在正式劳动力市场上的竞争能力较强，获得一份高薪工作的可能性比较大，他们从事老板型创业的机会成本较高。所以大学及以上学历个体从事老板型创业的可能性较低。小学及以下学历个体拥有较少的人力资本，不具备深度思考并捕捉市场机会的能力，也缺乏评估创业项目、开拓市场的能力，他们进行老板型创业很可能亏损。所以小学及以下学历个体从事老板型创业的可能性很低。与大学及以上学历个体、小学及以下学历个体相比较，接受 9 年左右受教育年数的初中学历个体由于具有较丰富的创业实践经验，且一般在进入成本较低的传统服务业中创业，他们从事老板型创业的潜在收益较高；同时，他们获得一份正式工作的可能性较小，从事老板型创业的机会成本较低。所以，初中学历个体从事老板型创业的倾向最大。

以 CHNS "1997 年、2000 年 18~60 岁未进行老板型创业个体"为样本对上述结论进行稳健性检验，稳健性检验支持了基本回归的结论。

5 受教育水平对中国居民自雇型创业倾向影响的实证分析

5.1 变量的描述性统计与说明

本章对"1997 年 18~60 岁未进行老板型创业个体"在 2000 年、2004 年、2006 年、2009 年的自雇型创业个体和工薪阶层的相关变量进行描述性统计。

表 5.1 显示了以"1997 年 18~60 岁未进行老板型创业个体"为样本，考察这些个体相应变量的统计特征。首先，自雇型创业个体所获得的收入低于工薪阶层所获得的收入。在 2000 年、2004 年、2006 年、2009 年，自雇型创业的个体所获得的创业收入比工薪阶层的收入低 16.04%、33.32%、22.34%、8.71%。在年龄上，自雇型创业个体与工薪阶层的平均年龄基本没有差别，前者略高于后者。在自雇型创业个体和工薪阶层中，男性所占比例超过女性，且在自雇型创业个体中，男性所占比例更大。不管是自雇型创业个体，还是工薪阶层，已婚者占了绝大部分比例。自雇型创业个体与工薪阶层的家庭人数基本相等，均为 4 人左右。在 2000 年、2004 年、2006 年、2009 年，自雇型创业人数分别为 529 人、245 人、237 人、165 人，在总人数中所占比例分别为 11.18%、9.07%、9.55%、7.78%。除 2000 年外，绝大部分自雇型创业个体集中于家庭联产承包农业、个体及私营企业、外资企业部门。

受教育水平对中国居民创业倾向的影响研究

表5.1　自雇型创业个体与工薪阶层相关变量的描述性统计

（以"1997年18~60岁未进行老板型创业个体"为样本）

变　量	2000 年		2004 年		2006 年		2009 年	
	自雇型创业个体	工薪阶层	自雇型创业个体	工薪阶层	自雇型创业个体	工薪阶层	自雇型创业个体	工薪阶层
$\overline{income}$	6147	7321	6298	9038	9337	12023	16861	18470
$\overline{age}$	41.68	40.08	44.49	44.20	46.45	45.25	47.83	46.59
marri rate	0.90	0.83	0.93	0.91	0.94	0.93	0.98	0.93
man rate	0.48	0.55	0.49	0.55	0.52	0.55	0.55	0.56
$\overline{size}$	4.34	4.17	4.06	4.00	3.96	3.95	3.89	3.93
dip1	277 (0.52)	1722 (0.40)	125 (0.51)	1009 (0.41)	121 (0.51)	872 (0.39)	86 (0.52)	780 (0.38)
dip2	184 (0.35)	1458 (0.34)	85 (0.35)	767 (0.31)	76 (0.32)	725 (0.32)	59 (0.36)	781 (0.38)
dip3	67 (0.13)	930 (0.22)	35 (0.14)	574 (0.23)	40 (0.17)	513 (0.23)	20 (0.12)	398 (0.19)
dip4	1 (0.00)	164 (0.04)	0 (0.00)	105 (0.04)	0 (0.00)	135 (0.06)	0 (0.00)	87 (0.04)
$\overline{edu}$	6.39	7.68	6.62	7.96	6.54	7.92	6.50	7.78
job1	8	1318	0	479	2	426	0	329
job2	71	583	0	53	0	48	0	42
job3	431	2184	2	96	1	80	0	46
job4	19	189	243	1827	234	1691	165	1629
renkou	529 (11.18)	4274 (88.82)	245 (9.07)	2455 (89.93)	237 (9.55)	2245 (90.45)	165 (7.78)	2046 (92.22)

注：表中包括自雇型创业个体和工薪阶层的平均收入水平（$\overline{income}$）、平均年龄（$\overline{age}$）、平均受教育年数（$\overline{edu}$）、家庭平均人口（$\overline{size}$）、各工作单位类型中的人数（job）、已婚者所占比例（marri rate）、男性比例（man rate）；各学历水平自雇型创业人数（dip）及每一学历自雇型创业人数在自雇型创业总人数中的比例，各学历水平工薪阶层人数（dip）及每一学历工薪阶层人数在工薪阶层总人数中的比例；自雇型创业人数在总人口（renkou）中的比例，工薪阶层人数在总人口（renkou）中的比例。

· 112 ·

考察"1997年18~60岁未进行老板型创业个体"中自雇型创业个体和工薪阶层的受教育情况。观察表5.1中自雇型创业个体和工薪阶层的学历结构，我们发现，绝大部分自雇型创业个体和工薪阶层的受教育水平集中于小学及小学以下学历、初中学历水平；且在这两个学历水平，自雇型创业个体所占比例均超过工薪阶层所占比例。在2000年、2004年、2006年及2009年，大约分别有52%、51%、51%、52%的自雇型创业个体仅获得了小学及以下学历，有35%、35%、32%、36%的自雇型创业个体仅获得了初中学历；大约分别有40%、41%、39%、38%的工薪阶层仅获得了小学及以下学历，有34%、31%、32%、38%的工薪阶层仅获得初中学历。另外，自雇型创业个体的平均受教育年数低于工薪阶层的平均受教育年数，在2000年、2004年、2006年及2009年，自雇型创业个体的平均受教育年数分别为6.39年、6.62年、6.54年、6.50年，而工薪阶层的平均受教育年数分别为7.68年、7.96年、7.92年、7.78年。

图5.1是"1997年18~60岁未进行老板型创业个体"在2000年、2004年、2006年、2009年各学历水平自雇型创业个体在自雇型创业总个体中所占比例的柱状图。由图5.1可知，对于"1997年18~60岁未进行老板型创业个体"，随着学历水平的提高，各学历水平自雇型创业个体在自雇型创业总个体中所占比例下降。图5.2是"1997年18~60岁未进行老板型创业个体"在

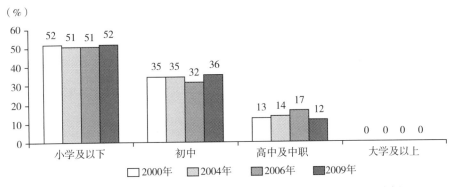

图5.1 各学历水平自雇型创业个体在自雇型创业总个体中所占比例
（以"1997年18~60岁未进行老板型创业个体"为样本）

2000 年、2004 年、2006 年、2009 年各学历水平自雇型创业个体在总个体中所占比例的柱状图。由图 5.2 可知，对于"1997 年 18~60 岁未进行老板型创业个体"，学历水平越高的自雇型创业个体在总个体中所占比例越低。

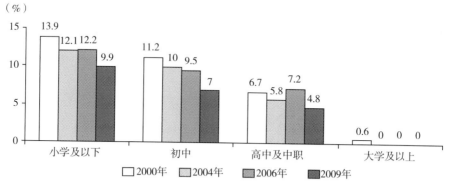

图 5.2 各学历水平自雇型创业个体在总个体中所占比例
（以"1997 年 18~60 岁未进行老板型创业个体"为样本）

表 5.2 自雇型创业个体与工薪阶层相关变量的描述性统计

（以"2000 年 18~60 岁未进行老板型创业个体"为样本）

变 量	2004 年		2006 年		2009 年	
	自雇型创业个体	工薪阶层	自雇型创业个体	工薪阶层	自雇型创业个体	工薪阶层
$\overline{income}$	6400	9200	10097	12537	15062	18465
$\overline{age}$	44.03	42.88	46.21	44.34	47.58	45.79
marri rate	0.92	0.89	0.95	0.91	0.99	0.93
man rate	0.47	0.54	0.51	0.55	0.56	0.56
$\overline{size}$	3.99	3.91	3.89	3.87	3.96	3.86
dip1	123 (0.47)	984 (0.33)	113 (0.47)	1005 (0.35)	90 (0.51)	929 (0.36)
dip2	102 (0.39)	1035 (0.35)	90 (0.37)	952 (0.33)	64 (0.36)	990 (0.38)

续表

变 量	2004 年		2006 年		2009 年	
	自雇型创业个体	工薪阶层	自雇型创业个体	工薪阶层	自雇型创业个体	工薪阶层
dip3	39 (0.15)	772 (0.26)	40 (0.16)	707 (0.25)	24 (0.13)	514 (0.20)
dip4	0 (0.00)	184 (0.06)	0 (0.00)	218 (0.08)	0 (0.00)	158 (0.06)
$\overline{edu}$	7.13	8.31	6.70	8.32	6.69	8.10
job1	1	721	1	634	0	486
job2	0	71	0	55	0	48
job3	4	114	1	106	0	60
job4	259	2069	241	2087	178	1997
renkou	264 (8.15)	2975 (91.85)	243 (7.78)	2882 (92.22)	178 (6.78)	2591 (93.22)

注：表中包括自雇型创业个体和工薪阶层的平均收入水平（$\overline{income}$）、平均年龄（$\overline{age}$）、平均受教育年数（$\overline{edu}$）、家庭平均人口（$\overline{size}$）、各工作单位类型中的人数（job）、已婚者所占比例（marri rate）、男性比例（man rate）；各学历水平自雇型创业人数（dip）及每一学历自雇型创业人数在自雇型创业总人数中的比例，各学历水平工薪阶层人数（dip）及每一学历工薪阶层人数在工薪阶层总人数中的比例；自雇型创业人数在总人口（renkou）中的比例，工薪阶层人数在总人口（renkou）中的比例。

以"2000 年 18~60 岁未进行老板型创业个体"为样本，并考察这些个体在以后受调查年度的相应变量的统计特征。结果发现，自雇型创业个体所获得的收入低于工薪阶层所获得的收入。在 2004 年、2006 年、2009 年，相对于工薪阶层，自雇型创业个体所获得的创业收入比工薪阶层所获得的收入低30.43%、19.45%、18.43%。在年龄上，自雇型创业个体与工薪阶层的平均年龄基本没有差别，均在 45 岁左右。在自雇型创业个体和工薪阶层中，男性所占比例超过女性；且在自雇型创业个体中，男性所占比例更大。不管是自雇型创业个体，还是工薪阶层，已婚者占了绝大部分。自雇型创业个体与工薪阶层的家庭人数基本相等，均为 4 人左右。在 2004 年、2006 年、2009 年，自雇型创业人数分别为 264 人、243 人、178 人，在总人数中所占比例分别为 8.15%、7.78%、6.78%。在上述三个受调查年度中，绝大部分自雇型创业个体集中于家庭联产承包农业、个体及私营企业、外资企业部门。

考察"2000 年 18~60 岁未进行老板型创业个体"中自雇型创业个体和工薪阶层的受教育情况。观察表 5.2 中自雇型创业个体和工薪阶层的学历结构，我们发现，绝大部分自雇型创业个体和工薪阶层的受教育水平集中于小学及小学以下学历、初中学历水平；且在这两个学历水平，自雇型创业个体所占比例均超过工薪阶层所占比例。在 2004 年、2006 年及 2009 年，分别有 47%、47%、51%的自雇型创业个体仅获得了小学及以下学历，分别有 39%、37%、36%的自雇型创业个体仅获得了初中学历；分别有 33%、35%、36%的工薪阶层仅获得了小学及以下学历，分别有 35%、33%、38%的工薪阶层仅获得了初中学历。另外，自雇型创业个体的平均受教育年数低于工薪阶层的平均受教育年数，在 2004 年、2006 年及 2009 年，自雇型创业个体的平均受教育年数分别为 7.13 年、6.70 年、6.69 年，而工薪阶层的平均受教育年数分别为 8.31 年、8.32 年、8.10 年。

图 5.3 是"2000 年 18~60 岁未进行老板型创业个体"在 2004 年、2006 年、2009 年各学历水平自雇型创业个体在自雇型创业总个体中所占比例的柱状图。由图 5.3 可知，对于"2000 年 18~60 岁未进行老板型创业个体"，随

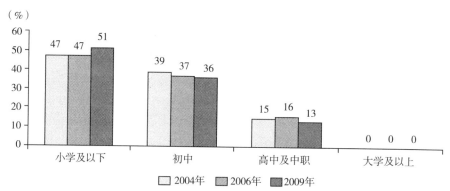

图 5.3　各学历水平自雇型创业个体在自雇型创业总个体中所占比例
（以"2000 年 18~60 岁未进行老板型创业个体"为样本）

着学历水平的提高，各学历水平自雇型创业个体在自雇型创业总个体中所占比例下降。图 5.4 是"2000 年 18~60 岁未进行老板型创业个体"在 2004 年、2006 年、2009 年各学历自雇型创业个体在总个体中所占比例的柱状图。从图 5.4 中可以发现，对于"2000 年 18~60 岁未进行老板型创业个体"，随着学历水平的提高，各学历水平自雇型创业个体在总个体中所占比例下降。

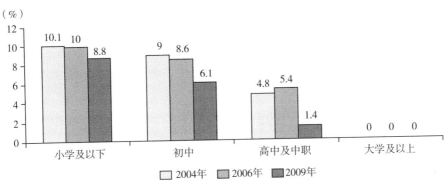

图 5.4 各学历水平自雇型创业个体在总个体中所占比例
（以"2000 年 18~60 岁未进行老板型创业个体"为样本）

5.2 实证结果与分析

5.2.1 回归分析

本章的回归方程借鉴第 3 章的基准模型（3.4）。将基准模型（3.4）的被解释变量设置为自雇型创业，当个人进行自雇型创业时，则被解释变量取值 1，当个人没有进行自雇型创业时，则被解释变量取值 0。在解释变量的设定上，回归方程中除了包含核心解释变量——受教育年数与年度虚拟变量的交叉项（$t \cdot edu_{it}$），受教育年数与年度虚拟变量平方的交叉项（$t \cdot edu_{it}^2$）外，还包括年龄（age_{it}）、年龄平方（age_{it}^2）、收入水平（$income_{it}$）、性别（$gender$）、婚姻（$marriage_{it}$）、工作单位类型（job_{it}）、家庭人数（$size_{it}$）、省份虚拟变量、年份虚拟变量。本章的回归基准模型如下：

$$\Pr(entre_{it}=1)=\left[1+e^{-(\alpha+\Theta X'+\mu_{it})}\right]^{-1} \tag{5.1}$$

其中：$\Theta=\left[\Theta_1,\ \Theta_2,\ \cdots,\ \Theta_{26}\right]$，$X=\left[t00\cdot edu_{it}\quad t00\cdot edu_{it}^2\quad t04\cdot edu_{it}\quad t04\cdot edu_{it}^2\quad t04\cdot edu_{it}\quad t06\cdot edu_{it}^2\quad t09\cdot edu_{it}\quad t09\cdot edu_{it}^2\quad gender\quad age_{it}\quad age_{it}^2\quad income_{it}\right.$ $\left. job1\quad job2\quad job3\quad p1\quad p2\quad p3\quad p4\quad p5\quad p6\quad p7\quad p8\quad t04\quad t06\quad t09\right]$。

本书以"1997年18~60岁未进行老板型创业个体"（即"剔除老板型创业个体后的1997年18~60岁个体"）为样本，采用这些个体在2000年、2004年、2006年、2009年的数据，然后使用模型（5.1）来考察受教育水平对其从事自雇型创业倾向的影响；以"2000年18~60岁未进行老板型创业个体"（即"剔除老板型创业个体后的2000年18~60岁个体"）为样本，采用这些个体在2004年、2006年、2009年的数据，然后使用剔除了变量$t00\cdot edu_{it}$、$t00\cdot edu_{it}^2$、$t04$的基准模型（5.1）来考察受教育水平对其从事自雇型创业倾向的影响，在考察过程中，基准模型（5.1）中的被解释变量（$entre_{it}$）取值1，否则取值0。在选择解释变量时，除了包括年度虚拟变量与受教育年数交叉项（$t\cdot edu_{it}$）、年度虚拟变量与受教育年数平方的交叉项（$t\cdot edu_{it}^2$），我们还选择了Brown（2010）中研究自雇型创业加入的解释变量，包括年龄（age_{it}）、年龄平方（age_{it}^2）、个人收入（$income_{it}$）、性别（$gender$）、工作单位的类型（job_{it}）、婚姻（$marriage_{it}$）、家庭人数（$size_{it}$）。这些变量对自雇型创业倾向影响的相关观点与影响机制，在本书的第3、第4章已经做出说明，在此不再进行叙述。

首先考察受教育水平对"1997年18~60岁未进行老板型创业个体"（剔除老板型创业个体后的1997年18~60岁个体）在2000年、2004年、2006年、2009年从事自雇型创业倾向的影响。当核心解释变量包括年度虚拟变量与受教育年数的交叉项（$t\cdot edu_{it}$）、年度虚拟变量与受教育年数平方的交叉项（$t\cdot edu_{it}^2$）时，观察表5.3第（1）列，发现各年的年度虚拟变量与受教育年数交叉项（$t\cdot edu_{it}$）的系数均不显著，2000年、2009年的年度虚拟变量与受教育年数平方交叉项（$t\cdot edu_{it}^2$）的系数不显著，2004年、

2006 年的年度虚拟变量与受教育年数平方交叉项（$t \cdot edu_{it}^2$）的系数显著。这说明，受教育水平对"1997 年 18~60 岁未进行老板型创业个体"从事自雇型创业倾向的影响并不是"倒 U 型"的，反而很可能是负向的，这提示我们去掉核心解释变量中的年度虚拟变量与受教育年数平方的交叉项（$t \cdot edu_{it}^2$）后进行回归分析。表 5.3 第（2）列的回归结果显示，各年的年度虚拟变量与受教育年数交叉项（$t \cdot edu_{it}$）的系数为负，这说明，对于"1997 年 18~60 岁未进行老板型创业个体"，各年的受教育年数对自雇型创业倾向的影响是负向的，个体的教育年数越低，则进行自雇型创业的可能性越大。

其次考察受教育水平对"2000 年 18~60 岁未进行老板型创业个体"进行自雇型创业倾向的影响。当核心解释变量包括年度虚拟变量与受教育年数的交叉项（$t \cdot edu_{it}$）、年度虚拟变量与受教育年数平方的交叉项（$t \cdot edu_{it}^2$）时，表 5.3 第（3）列的回归结果显示，各年的年度虚拟变量与受教育年数交叉项（$t \cdot edu_{it}$）的系数均不显著，2004 年、2006 年的年度虚拟变量与受教育年数平方交叉项（$t04 \cdot edu_{it}^2$、$t06 \cdot edu_{it}^2$）的系数显著；这说明，受教育水平对"2000 年 18~60 岁未进行老板型创业个体"进行自雇型创业倾向的影响并不是"倒 U 型"的，反而很可能是负向的，这提示我们去掉核心解释变量中的年度虚拟变量与受教育年数平方的交叉项（$t \cdot edu_{it}^2$）后进行回归分析。表 5.3 第（4）列的回归结果显示，各年的年度虚拟变量与受教育年数交叉项（$t \cdot edu_{it}$）的系数为负，这说明，对于"2000 年 18~60 岁未进行老板型创业个体"，各年的受教育年数对自雇型创业倾向的影响是负向的，个体的受教育年数越低，则进行自雇型创业的可能性越大。

表 5.3　受教育水平对自雇型创业倾向影响的回归
（以"1997 年、2000 年 18~60 岁未进行老板型创业个体"为样本）

变　量	1997 年 18~60 岁未进行老板型创业个体		2000 年 18~60 岁未进行老板型创业个体	
	(1)	(2)	(3)	(4)
$t00 \cdot edu_{it}$	0.084 (0.434)	-0.094^{***} (0.020)		

续表

变量	1997年18~60岁未进行老板型创业个体		2000年18~60岁未进行老板型创业个体	
	（1）	（2）	（3）	（4）
$t00 \cdot edu_{it}^2$	-0.013 (0.101)			
$t04 \cdot edu_{it}$	0.188 (0.265)	-0.211*** (0.000)	0.307 (0.110)	-0.165*** (0.003)
$t04 \cdot edu_{it}^2$	-0.029** (0.016)		-0.034** (0.012)	
$t06 \cdot edu_{it}$	0.179 (0.260)	-0.141*** (0.005)	0.272 (0.156)	-0.114** (0.043)
$t06 \cdot edu_{it}^2$	-0.024* (0.033)		-0.028** (0.033)	
$t09 \cdot edu_{it}$	-0.076 (0.683)	-0.167* (0.010)	-0.070 (0.746)	-0.131* (0.075)
$t09 \cdot edu_{it}^2$	0.007 (0.601)		-0.004 (0.772)	
省份	随机效应	随机效应	随机效应	随机效应
年份	随机效应	随机效应	随机效应	随机效应
常数	-10.600*** (0.000)	-10.289*** (0.000)	-22.329*** (0.000)	-19.935*** (0.000)
Wald chi2	280.30*** (0.000)	583.30*** (0.000)	无	无
观测值	12096	12096	9253	9253

注：括号内数值为 p 值，*** 表示 p<0.01，** 表示 p<0.05，* 表示 p<0.1。还控制了年龄、年龄平方、收入水平、性别、婚姻、工作单位类型、家庭人数、省份、年份，为了节约篇幅，就没有报告这些控制变量的回归结论。

5.2.2　进一步回归分析

通过表 5.3 的实证结果，本书发现，对于"1997 年、2000 年 18~60 岁未进行老板型创业个体"，受教育水平对其自雇型创业倾向的影响是负向的。本节着重对以上的回归结论进行分析，试图发现隐藏在这一结论后面的原因。

20 世纪 90 年代中后期，国有企业改制造成了我国大量的失业人员。据统计，1994~2000 年，国有企业累计下岗职工人数分别为 300 万人、360 万人、564 万人、891.6 万人、1152 万人、1714 万人、2440 万人。[①] 这些失业人员中的相当大一部分在以后很长一段时间内成为了自雇型创业个体。因此，在国有企业改制阶段，自雇型创业个体包括两个部分，一部分是社会经济状况正常条件下产生的自雇型创业个体，另一部分是因为国有企业改制产生的自雇型创业个体，且后一部分的自雇型创业个体在总的自雇型创业个体中占有相当大的比例。

在 20 世纪 90 年代中后期，国有企业旨在减员增效的就业制度改革及削减国有企业中多余的生产能力，导致国有企业就业的下降；20 世纪 90 年代中后期，乡镇企业的发展处于一个结构升级时期，吸纳农村剩余劳动力的作用逐渐减弱。在上述的失业人员中，大量的失业个体为了生存，为了养家糊口，他们只能"被迫"进行自雇型创业；他们不存在自雇型创业的机会成本，自雇型创业对他们来说是唯一出路。且受教育年数越低的自雇型创业个体，由于他们在劳动力市场上的竞争能力偏弱，所以，他们在自雇型创业总个体中所占比例越大。考察"1997 年 18~60 岁未进行老板型创业个体"中从事自雇型创业的学历结构分布，我们发现，在 1997 年的 697 人自雇型创业个体中，小学及以下学历、初中学历、高中及中职学历、大学及以上学历的人数分别为 373 人、241 人、83 人、0 人；考察"2000 年 18~60 岁未进行老板型创业个体"中从事自雇型创业的学历结构分布，我们发现，在 2000 年的 589 人自雇型创业个体中，小学及以下学历、初中学历、高中及中职学历、大学及以上学历的人数分别为 301 人、212 人、74 人、2 人。不仅如此，"1997 年、2000 年 18~60 岁未进行老板型创业个体"在以后受调查年度，受教育程度越低的自雇型创业个体在自雇型创业总个体中，所占比例也越大。以"1997 年 18~60 岁未进行老板型创业个体"为样本，分别考察这些个体在 2000 年、2004 年、2006 年、

---

① 1994~1995 年下岗职工人数引自：杨宜勇．中国到底有多少人失业 [N]．经济学消息报，1998-03-10。1997 年下岗人数引自：中国统计摘要 [M]．北京：中国统计出版社，1997：31。1998 年下岗人数引自：新华社北京 1998 年 3 月 9 日电讯。1999 年、2000 年来自劳动部门公布的资料。

2009 年自雇型创业个体的学历分布。我们发现，在 2000 年，"1997 年 18~60 岁未进行老板型创业个体"中有 539 人进行自雇型创业，其中小学及以下学历、初中学历、高中及中职学历、大学及以上学历的自雇型创业个体分别为 282 人、187 人、69 人、1 人；在 2004 年，"1997 年 18~60 岁未进行老板型创业个体"中有 245 人进行自雇型创业，其中小学及以下学历、初中学历、高中及中职学历、大学及以上学历的自雇型创业个体分别为 125 人、85 人、35 人、0 人；在 2006 年，"1997 年 18~60 岁未进行老板型创业个体"中有 237 人进行自雇型创业，其中小学及以下学历、初中学历、高中及中职学历、大学及以上学历的自雇型创业个体分别为 121 人、76 人、40 人、0 人；在 2009 年，"1997 年 18~60 岁未进行老板型创业个体"中有 165 人进行自雇型创业，其中小学及以下学历、初中学历、高中及中职学历、大学及以上学历的自雇型创业个体分别为 86 人、59 人、20 人、0 人。以"2000 年 18~60 岁未进行老板型创业个体"为样本，分别考察这些个体在 2004 年、2006 年、2009 年自雇型创业个体的学历分布。我们发现，在 2004 年，"2000 年 18~60 岁未进行老板型创业个体"中有 274 人进行自雇型创业，其中小学及以下学历、初中学历、高中及中职学历、大学及以上学历的自雇型创业个体分别为 133 人、102 人、39 人、0 人；在 2006 年，"2000 年 18~60 岁未进行老板型创业个体"中有 253 人进行自雇型创业，其中小学及以下学历、初中学历、高中及中职学历、大学及以上学历的自雇型创业个体分别为 123 人、90 人、40 人、0 人；在 2009 年，"2000 年 18~60 岁未进行老板型创业个体"中有 178 人进行自雇型创业，其中小学及以下学历、初中学历、高中及中职学历、大学及以上学历的自雇型创业个体分别为 90 人、64 人、24 人、0 人。

由于"1997 年 18~60 岁未进行老板型创业个体"在 2000 年、2004 年、2006 年、2009 年及"2000 年 18~60 岁未进行老板型创业个体"在 2004 年、2006 年、2009 年，创业者中包含了大量的自雇型创业个体，且学历越低的自雇型创业个体在自雇型创业总个体中所占比例越大。所以，表 5.3 显示，对于"1997 年、2000 年 18~60 岁未进行老板型创业个体"，在以后的受调查年度，受教育年数对其进行自雇型创业倾向的影响是负向的。

国有企业改制使得大量低学历的个体下岗，并继而造成"1997 年、2000

年 18～60 岁未进行老板型创业个体"中包含了大量低学历的自雇型创业个体，这些个体干扰了以"1997 年、2000 年 18～60 岁未进行老板型创业个体"为样本下受教育水平与自雇型创业倾向两者之前的关系，并得到受教育水平对自雇型创业倾向的影响是负向的这一结论。有鉴于此，有必要对以"1997 年、2000 年 18～60 岁未进行老板型创业个体"为样本所建立的面板数据中的"因国有企业改革导致的自雇型创业个体"进行控制。本节在对以"1997 年 18～60 岁未进行老板型创业个体"为样本所建立的面板数据中的"因国有企业改制造成的在 2000 年、2004 年、2006 年、2009 年是自雇型创业个体且在 1997 年也是自雇型创业的个体"进行控制，及对以"2000 年 18～60 岁未进行老板型创业个体"为样本所建立起来的面板数据中的"因国有企业改制造成的在 2004 年、2006 年、2009 年是自雇型创业个体且在 2000 年也是自雇型创业的个体"进行控制后，考察受教育年数对自雇型创业倾向的影响。

表 5.4 受教育水平对自雇型创业倾向影响的回归

(以"1997 年、2000 年 18～60 岁未进行老板型创业个体"为样本)

变量	1997 年 18～60 岁未进行老板型创业个体		2000 年 18～60 岁未进行老板型创业个体	
	(1)	(2)	(3)	(4)
$t00 \cdot edu_{it}$	0.033 (0.864)	−0.039 (0.563)		
$t00 \cdot edu_{it}^2$	−0.002 (0.908)			
$t04 \cdot edu_{it}$	3.870 ** (0.031)	−0.104 (0.363)	3.239 *** (0.002)	−0.049 (0.600)
$t04 \cdot edu_{it}^2$	−0.207 ** (0.026)		−0.185 *** (0.002)	
$t06 \cdot edu_{it}$	0.549 * (0.100)	−0.080 (0.384)	2.244 *** (0.004)	−0.071 (0.386)
$t06 \cdot edu_{it}^2$	−0.029 * (0.071)		−0.123 *** (0.003)	
$t09 \cdot edu_{it}$	0.232 (0.517)	−0.051 (0.629)	0.913 * (0.053)	−0.069 (0.456)

续表

变量	1997 年 18~60 岁未进行老板型创业个体		2000 年 18~60 岁未进行老板型创业个体	
	(1)	(2)	(3)	(4)
$t09 \cdot edu_{it}^2$	−0.011 (0.611)		−0.051* (0.064)	
省份	随机效应	随机效应	随机效应	随机效应
年份	随机效应	随机效应	随机效应	随机效应
常数	−8.762*** (0.000)	−9.179*** (0.000)	−26.284*** (0.000)	−14.654*** (0.001)
Wald chi2	58.63*** (0.000)	57.58*** (0.000)	33.24*** (0.000)	−21.82 (0.531)
观测值	12096	12096	9253	9253

注：括号内数值为 p 值，*** 表示 p<0.01，** 表示 p<0.05，* 表示 p<0.1。还控制了年龄、年龄平方、收入水平、性别、婚姻、工作单位类型、家庭人数、省份、年份、由于国企改革在 1997 年及以后受调查年度也进行了自雇型创业的个体、由于国企改革在 2000 年及以后受调查年度也进行了自雇型创业的个体，为了节约篇幅，就没有报告这些控制变量的回归结论。

在对以"1997 年 18~60 岁未进行老板型创业个体"为样本所建立的面板数据中的"因国有企业改制造成的在 2000 年、2004 年、2006 年、2009 年是自雇型创业个体且在 1997 年也是自雇型创业的个体"进行控制，及对以"2000 年 18~60 岁未进行老板型创业个体"为样本所建立起来的面板数据中的"因国有企业改制造成的在 2004 年、2006 年、2009 年是自雇型创业个体且在 2000 年也是自雇型创业的个体"进行控制后，表 5.4 的第（2）列列示了在模型（5.1）中包含核心解释变量——年度虚拟变量与受教育年数的交叉项（$t \cdot edu_{it}$）后，"1997 年 18~60 岁未进行老板型创业个体"的受教育水平对其自雇型创业倾向影响的估计结果。回归结果显示，对于"1997 年 18~60 岁未进行老板型创业个体"，在 2000 年、2004 年、2006 年、2009 年，年度虚拟变量与受教育年数的交叉项（$t \cdot edu_{it}$）的系数均不显著。这说明，在对以"1997 年 18~60 岁未进行老板型创业个体"为样本所建立的面板数据中的"因国有企业改制造成的在 2000 年、2004 年、2006 年、2009 年是自雇型创业个体且在 1997 年也是自雇型创业的个体"进行控制后，对于"1997 年 18~60 岁未进行老板型创业个体"，受教育水平对其进行自雇型创业倾向的影响很可能不是线性的。对于"2000 年 18~60 岁未进行老板型创业个体"，在 2004 年、2006 年、2009 年，年度虚拟变量与受教育年数的交叉项（$t \cdot edu_{it}$）的系数均不显著。这说明，在对以"2000 年 18~60 岁未进行老板型创业个体"为样本所建立起来的面板数据中的"因国有企业改制造成的在 2004 年、2006 年、2009 年是自雇型创业个体且在 2000 年也是自雇型创业的个体"进行控制后，对于"2000 年 18~60 岁未进行老板型创业个体"，受教育水平对其进行自雇型创业倾向的影响很可能不是线性的。表 5.4 的第（2）、第（4）列的回归结果提示我们利用包含了年度虚拟变量与受教育年数的交叉项（$t \cdot edu_{it}$）与年度虚拟变量与受教育年数平方交叉项（$t \cdot edu_{it}^2$）的模型（5.1）进行回归分析。

利用模型（5.1），采用"1997 年 18~60 岁未进行老板型创业个体"在 2000 年、2004 年、2006 年、2009 年的面板数据，在对以"1997 年 18~60 岁未进行老板型创业个体"为样本所建立的面板数据中的"因国有企业改制造成的在 2000 年、2004 年、2006 年、2009 年是自雇型创业个体且在 1997 年也是自雇型创业的个体"进行控制后，分析受教育年数对其进行自雇型创业倾向的影响，表 5.4 的第（1）列汇报了相应结果；同时，利用剔除了变量 $t00 \cdot edu_{it}$、$t00 \cdot edu_{it}^2$、$t04$ 的模型（5.1），在对以"2000 年 18~60 岁未进行老板型创业个体"为样本所建立的面板数据中的"因国有企业改制造成的在 2004 年、2006 年、2009 年是自雇型创业个体且在 2000 年也是自雇型创业的个体"进行控制后，分析受教育年数对其进行自雇型创业倾向的影响，表 5.4 的第（3）列汇报了相应结果。

从表 5.4 的第（1）列可以看出，"1997 年 18~60 岁未进行老板型创业个体"在 2000 年、2009 年的年度虚拟变量与受教育年数交叉项（$t00 \cdot edu_{it}$、$t09 \cdot edu_{it}$）的系数不显著，2000 年、2009 年的年度虚拟变量与受教育年数平方交叉项（$t00 \cdot edu_{it}^2$、$t09 \cdot edu_{it}^2$）的系数不显著，但 2000 年、2009 年的年度虚拟变量与受教育年数交叉项（$t00 \cdot edu_{it}$、$t09 \cdot edu_{it}$）的系数符号及年度虚拟变量与受教育年数平方交叉项（$t00 \cdot edu_{it}^2$、$t09 \cdot edu_{it}^2$）的系数符号显示受教育水平对"1997 年 18~60 岁未进行老板型创业个体"在上述两年进行自雇型创业倾向的影响是"倒 U 型"的，且使得自雇型创业可能性最大的受教育年数分别为 8.25 年、10.55 年。2000 年、2009 年的年度虚拟变量与受教育年数交叉项（$t00 \cdot edu_{it}$、$t09 \cdot edu_{it}$）的系数符号及年度虚拟变量与受教育年数平方交叉项（$t00 \cdot edu_{it}^2$、$t09 \cdot edu_{it}^2$）的系数符号不显著，很可能是因为在对以"1997 年 18~60 岁未进行老板型创业个体"为样本所建立的面板数据中的"因国有企业改制造成的在 2000 年、2004 年、2006 年、2009 年是自雇型创业个体且在 1997 年也是自雇型创业个体"进行控制后，自雇型创业个体数量很少。在 2000 年、2009 年，控制了"因国有企业改制造成的 2000 年、2009 年是自雇型创业个体且在 1997 年也是自雇型创业个体"后，"1997 年 18~60 岁未进行老板型创业个体"中分别只有 81 个、20 个自雇型创业个体，而其他个体则分别有 4280 人、2046 人。"1997 年 18~60 岁未进行老板型创业个体"在 2004 年、2006 年的年度虚拟变量与受教育年数交叉项（$t04 \cdot edu_{it}$、$t06 \cdot edu_{it}$）的系数为正且显著，年度虚拟变量与受教育年数平方的交叉项（$t04 \cdot edu_{it}^2$、$t06 \cdot edu_{it}^2$）系数为负且显著，这说明，在 2004 年、2006 年，受教育水平对"1997 年 18~60 岁未进行老板型创业个体"进行自雇型创业倾向的影响是"倒 U 型"的，且使得自雇型创业可能性最大的受教育年数分别为 9.35 年、9.47 年。总体上，我们可以认为，对于"1997 年 18~60 岁未进行老板型创业个体"，受教育年数对其进行自雇型创业倾向的影响是"倒 U 型"的，初中学历个体自雇型创业倾向的可能性最大，小学及以下学历个体、高中及中职学历个体、大学及以上学历个体自雇型创业倾向的可能性较小。

从表 5.4 的第（3）列可以看出，"2000 年 18~60 岁未进行老板型创业个体"的 2004 年、2006 年、2009 年的年度虚拟变量与受教育年数交叉项（$t04 \cdot edu_{it}$、$t06 \cdot edu_{it}$、$t09 \cdot edu_{it}$）的系数为正，并且均在 5% 的水平上显著，且 2004 年、2006 年、2009 年的年度虚拟变量与受教育年数平方交叉项（$t04 \cdot edu_{it}^2$、$t06 \cdot edu_{it}^2$、$t09 \cdot edu_{it}^2$）的系数为负，并且均在 5% 的水平上显著。这说明，在对以"2000 年 18~60 岁未进行老板型创业个体"为样本所建立起来的面板数据中的"因国有企业改制造成的在 2004 年、2006 年、2009 年是自雇型创业个体且在 2000 年也是自雇型创业的个体"进行控制后，"2000 年 18~60 岁未进行老板型创业个体"在 2004 年、2006 年、2009 年，受教育年数对其进行自雇型创业倾向的影响也呈"倒 U 型"特征，且使得自雇型创业可能性最大的受教育年数分别为 8.75 年、9.12 年、8.95 年。

在对以"1997年18~60岁未进行老板型创业个体"为样本所建立的面板数据中的"因国有企业改制造成的在2000年、2004年、2006年、2009年是自雇型创业个体且在1997年也是自雇型创业的个体"进行控制，及对以"2000年18~60岁未进行老板型创业个体"为样本所建立起来的面板数据中的"因国有企业改制造成的在2004年、2006年、2009年是自雇型创业个体且在2000年也是自雇型创业的个体"进行控制后，将"1997年、2000年18~60岁未进行老板型创业个体"在各受调查年度使得自雇型创业可能性最大的受教育年数列示于表5.5，我们发现，使得自雇型创业可能性最大的受教育年数绝大部分约为9年，即初中学历个体进行自雇型创业的可能性最大。所以，对于"1997年、2000年18~60岁未进行老板型创业个体"，受教育年数对其自雇型创业倾向的影响呈"倒U型"特征，且初中学历个体进行自雇型创业的可能性最大。

表5.5　自雇型创业倾向最大的受教育年数

（以"1997年、2000年18~60岁未进行老板型创业个体"为样本）

	2000年自雇型创业倾向最大的受教育年数	2004年自雇型创业倾向最大的受教育年数	2006年自雇型创业倾向最大的受教育年数	2009年自雇型创业倾向最大的受教育年数
1997年18~60岁未进行老板型创业个体	不显著	9.35	9.47	不显著
2000年18~60岁未进行老板型创业个体		8.75	9.12	8.95

　　绝大部分受教育程度较高个体非常不愿意进行自雇型创业。主要原因是自雇型创业的潜在收入低，且高学历的自雇型创业者不能享受到在正式部门上班所能享受到的各种福利、保险及非货币化收益（假期等）。反之，由于受教育程度较高的个体在工资部门更有可能得到好的工作机会（Vander Sluis et al.，2008；Brown et al.，2011a），且作为上班族的一员，他们会得到较多的货币收益及非货币收益。由于高学历个体进行自雇型创业的潜在收益少而机会成本很高，

这部分个体选择自雇型创业的可能性很低。中等受教育水平的个体具备了一定的理解、阅读、分析、思维及认知能力，且由于他们较早踏出校门进入社会，使得他们具有丰富多样的人生阅历和经验。他们基本上能够从事各种自雇型创业项目，也能够成功地处理创业中的各种人际关系，从而他们进行自雇型创业的潜在收入大。而且，这部分个体从事自雇型创业的进入成本较低，使得他们创业的潜在成本也低，Lofstrom 和 Bates（2013）发现，受教育水平较低的个人更有可能在进入成本小的项目上从事创业。由于他们进行自雇型创业的潜在收入大而潜在成本低，故中等受教育水平个体进行自雇型创业的潜在收益较高。但是，对于中等受教育水平的个体，其进行自雇型创业的机会成本低（Von Greiff，2009）。与受教育水平较高的个体相比较，中等受教育水平个体的受教育年数较少。他们不具备较强的专业技能，在高层次劳动力市场上的竞争力不强，获得一份受人尊敬的、薪水丰厚的正式工作的可能性非常低。所以，这部分个体进行自雇型创业的可能性较大。对于仅接受了较低受教育年数的个体而言，由于加入 WTO 后，我国大力发展劳动密集型产业，特别是 2003 年在沿海地区爆发的"民工荒"，之后扩展到北方内陆、中部乃至全国的现象，说明我国对低层次劳动力的需求增大。受教育年数较低的个体进行自雇型创业的机会成本大。但是，如果他们选择进行自雇型创业，则他们会处于不利的地位。一方面是因为他们自身的素质比较低，另一方面是因为近年来，房屋租金上涨、水电费价格上涨使得营商环境恶化。所以，受教育水平较低的个体从事自雇型创业的可能性很小。

5.3 稳健性检验

虽然我们发现个体受教育年数对自雇型创业倾向的影响是"倒 U 型"的，但是，该结论是不是一个偶然？个体受教育年数对自雇型创业倾向的"倒 U 型"影响会不会随着样本的变化而变化？在本节中，我们不再使用"1997 年、2000 年 18～60 岁未进行老板型创业个体"为样本，考察受教育程度对自雇型创业倾向的影响，而使用"剔除老板型创业个体后的 1997 年、2000 年 18～60

岁未进行自雇型创业个体"为样本,来考察受教育年数对自雇型创业倾向的影响。由于创业总人数等于老板型创业个体与自雇型创业个体之和,所以,"剔除老板型创业个体后的1997年、2000年18~60岁未进行自雇型创业个体"即为"1997年、2000年18~60岁未创业个体"。

5.3.1 变量的描述性统计与说明

本节对"1997年18~60岁未创业个体"在2000年、2004年、2006年、2009年的自雇型创业个体和工薪阶层的相关变量进行描述性统计,相关内容如表5.6所示。

表5.6 自雇型创业个体与工薪阶层相关变量的描述性统计

(以"1997年18~60岁未创业个体"为样本)

变 量	2000 年		2004 年		2006 年		2009 年	
	自雇型创业个体	工薪阶层	自雇型创业个体	工薪阶层	自雇型创业个体	工薪阶层	自雇型创业个体	工薪阶层
$\overline{income}$	9661	7227	9064	9005	16575	11961	24361	18596
$\overline{age}$	39.18	40.45	41.35	44.44	41.97	45.60	44.28	46.95
marri rate	0.77	0.85	0.93	0.92	0.87·	0.93	1.00	0.93
man rate	0.56	0.55	0.67	0.55	0.80	0.55	0.75	0.56
$\overline{size}$	4.45	4.17	3.59	4.00	3.73	3.95	3.63	3.95
dip1	10 (0.20)	1534 (0.39)	1 (0.07)	848 (0.39)	2 (0.17)	811 (0.39)	3 (0.19)	762 (0.40)
dip2	31 (0.61)	1375 (0.35)	11 (0.73)	716 (0.33)	5 (0.42)	668 (0.32)	6 (0.38)	714 (0.37)
dip3	9 (0.18)	837 (0.22)	3 (0.20)	531 (0.24)	5 (0.42)	469 (0.23)	7 (0.44)	364 (0.19)
dip4	1 (0.02)	142 (0.04)	0 (0.00)	94 (0.04)	0 (0.00)	122 (0.06)	0 (0.00)	80 (0.04)
$\overline{edu}$	8.47	7.60	9.26	7.90	9.53	7.88	9	7.73
job1	0	1207	0	447	1	403	0	304
job2	19	514	0	51	0	44	0	38
job3	26	2111	0	83	1	67	0	42

续表

变 量	2000 年		2004 年		2006 年		2009 年	
	自雇型创业个体	工薪阶层	自雇型创业个体	工薪阶层	自雇型创业个体	工薪阶层	自雇型创业个体	工薪阶层
job4	6	56	15	1608	10	1556	16	1536
renkou	51 （1）	3888 （99）	15 （1）	2189 （99）	12 （1）	2070 （99）	16 （1）	1920 （99）

注：表中包括自雇型创业个体和工薪阶层的平均收入水平（income）、平均年龄（age）、平均受教育年数（edu）、家庭平均人口（size）、各工作单位类型中的人数（job）、已婚者所占比例（marri rate）、男性比例（man rate）；各学历水平自雇型创业人数（dip）及每一学历自雇型创业人数在自雇型创业总人数中的比例，各学历水平工薪阶层人数（dip）及每一学历工薪阶层人数在工薪阶层总人数中的比例；自雇型创业人数在总人口（renkou）中的比例，工薪阶层人数在总人口（renkou）中的比例。

以"1997 年 18~60 岁未创业个体"为样本，并考察这些个体的相应变量的统计特征。结果发现，自雇型创业个体所获得的收入高于工薪阶层所获得的收入。在 2000 年、2004 年、2006 年、2009 年，自雇型创业个体所获得的创业收入比工薪阶层所获得的收入分别高出 34%、1%、39%、31%。在年龄上，自雇型创业个体与工薪阶层的平均年龄基本没有差别，均在 40~45 岁。在自雇型创业个体和工薪阶层中，男性所占比例超过女性，且男性在自雇型创业个体中所占比例更大。不管是自雇型创业个体，还是工薪阶层，基本上都已经结婚。自雇型创业个体的家庭人数与工薪阶层的家庭人数基本相等，均为 4 人左右。在 2000 年、2004 年、2006 年、2009 年，自雇型创业人数分别为 51 人、15 人、12 人、16 人，在总人数中所占比例分别为 1%、1%、1%、1%。除 2000 年外，"1997 年 18~60 岁未创业个体"绝大部分集中于家庭联产承包农业、个体及私营企业、外资企业部门。

考察"1997 年 18~60 岁未创业个体"中自雇型创业个体和工薪阶层的受教育情况。观察表 5.6 中自雇型创业个体和工薪阶层的学历结构，我们发现，在 2000 年、2004 年，具有初中学历的自雇型创业个体占自雇型创业总人数的比例分别为 61%、73%；在 2006 年、2009 年，具有初中、高中及中职学历的自雇型创业个体占自雇型创业总个体的比例分别为 84%、82%。绝大部分工薪阶层的学历集中于初中及以下学历，在 2000 年、2004 年、2006 年、2009 年，有 74%、72%、71%、77% 的工薪阶层的学历在初中及以下学历水平。另外，自雇型创业个体的平均受教育水平高于工薪阶层的平均受教育水平，在 2000 年、2004 年、2006 年及 2009 年，自雇型创业个体的平均受教育年数分别为 8.47 年、9.26 年、9.53 年、9 年，而工薪阶层的平均受教育年数分别为 7.60 年、7.90 年、7.88 年、7.73 年。

图 5.5 是"1997 年 18~60 岁未创业个体"在 2000 年、2004 年、2006 年、2009 年各学历水平自雇型创业个体在自雇型创业总个体中所占比例的柱状图。由图 5.5 可知，对于"1997 年 18~60 岁未创业个体"，各学历水平自雇型创业个体在自雇型创业总个体中所占比例呈"倒 U 型"特征，且在 2000 年、2004 年、2006 年，初中学历自雇型创业个体在自雇型创业总个体中所占比例最大；在 2009 年，高中及中职学历水平自雇型创业个体在自雇型创业总个体中所占比例最大。图 5.6 是"1997 年 18~60 岁未创业个体"在 2000 年、2004 年、2006 年、2009 年各学历自雇型创业个体在总个体中所占比例的柱状图。从图 5.6 可以发现，对于"1997 年 18~60 岁未创业个体"，各学历水平自雇型创业个体在总个体中所占比例呈"倒 U 型"特征，且在 2000 年、2004 年，初中学历自雇型创业个体在总个体中所占比例最大，在 2006 年、2009 年，高中及中职学历自雇型创业个体在总个体中所占比例最大。

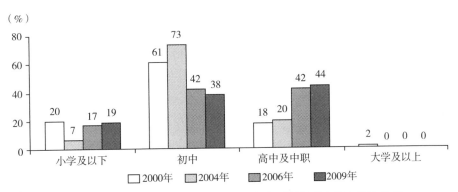

图 5.5 各学历水平自雇型创业个体在自雇型创业总个体中所占比例
（以"1997 年 18~60 岁未创业个体"为样本）

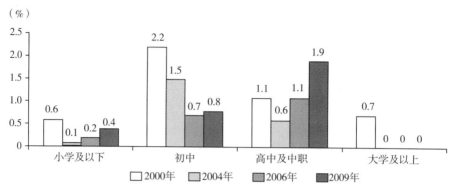

图 5.6　各学历水平自雇型创业个体在总个体中所占比例

（以"1997 年 18~60 岁未创业个体"为样本）

表 5.7　自雇型创业个体与工薪阶层相关变量的描述性统计

（以"2000 年 18~60 岁未创业个体"为样本）

变 量	2004 年		2006 年		2009 年	
	自雇型 创业个体	工薪阶层	自雇型 创业个体	工薪阶层	自雇型 创业个体	工薪阶层
$\overline{income}$	8243	9206	18821	12739	17477	18701
$\overline{age}$	42.06	43.19	43.63	44.80	43.31	46.21
marri rate	1.00	0.91	0.96	0.93	0.95	0.93
man rate	0.81	0.54	0.70	0.55	0.75	0.57
$\overline{size}$	3.45	3.92	3.45	3.89	3.75	3.85
dip1	4 (0.18)	1061 (0.37)	3 (0.13)	924 (0.36)	5 (0.25)	852 (0.37)
dip2	14 (0.64)	933 (0.33)	12 (0.50)	843 (0.32)	6 (0.30)	866 (0.37)
dip3	4 (0.18)	703 (0.25)	9 (0.38)	641 (0.25)	9 (0.45)	459 (0.20)·
dip4	0 (0.00)	162 (0.06)	0 (0.00)	193 (0.07)	0 (0.00)	140 (0.06)
$\overline{edu}$	8.81	8.25	9.63	8.29	9.30	8.05

续表

变 量	2004 年		2006 年		2009 年	
	自雇型创业个体	工薪阶层	自雇型创业个体	工薪阶层	自雇型创业个体	工薪阶层
job1	0	662	1	590	0	442
job2	0	60	0	46	0	43
job3	0	100	0	92	0	49
job4	22	2037	23	1837	20	1783
renkou	22 (1)	2859 (99)	24 (1)	2601 (99)	20 (1)	2317 (99)

注：表中包括自雇型创业个体和工薪阶层的平均收入水平（$\overline{income}$）、平均年龄（$\overline{age}$）、平均受教育年数（$\overline{edu}$）、家庭平均人口（$\overline{size}$）、各工作单位类型中的人数（job）、已婚者所占比例（marri rate）、男性比例（man rate）；各学历水平自雇型创业人数（dip）及每一学历自雇型创业人数在自雇型创业总人数中的比例，各学历水平工薪阶层人数（dip）及每一学历工薪阶层人数在工薪阶层总人数中的比例；自雇型创业人数在总人口（renkou）中的比例，工薪阶层人数在总人口（renkou）中的比例。

以"2000 年 18~60 岁未创业个体"为样本，并考察这些个体相应变量的统计特征。结果发现，在 2004 年、2009 年，自雇型创业个体所获得的收入低于工薪阶层所获得的收入；在 2006 年，自雇型创业个体所获得的收入高于工薪阶层所获得的收入。在年龄上，自雇型创业个体与工薪阶层的平均年龄相差无几。在自雇型创业个体和工薪阶层中，男性所占比例超过女性，且男性在自雇型创业个体中所占比例更大。不管是自雇型创业个体，还是工薪阶层，基本上都已经结婚。自雇型创业个体的家庭人数与工薪阶层的家庭人数基本相等，均为 4 人左右。在 2004 年、2006 年、2009 年，自雇型创业人数分别为 22 人、24 人、20 人，在总人数中所占比例分别为 1%、1%、1%。

考察"2000 年 18~60 岁未创业个体"中自雇型创业个体和工薪阶层的受教育情况。观察表 5.7 中自雇型创业个体和工薪阶层的学历结构，我们发现，在 2004 年、2006 年，分别大约有高达 64%、50%的自雇型创业个体仅获得了初中学历；在 2009 年，具有高中学历的自雇型创业个体在自雇型创业总人数中占了 45% 的比例。绝大部分工薪阶层的学历集中于初中及以下学历，在 2004 年、2006 年、2009 年，有高达 70%、68%、74% 的工薪阶层仅获得了初中及以下学历水平。另外，自雇型创业个体的平均受教育水平高于工薪阶层的平均受教育水平，在 2004 年、2006 年及 2009 年，自雇型创业个体的平均受教育年数分别为 8.81 年、9.63 年、9.30 年，而工薪阶层的平均受教育年数分别为 8.25 年、8.29 年、8.05 年。"2000 年 18~60 岁未创业个体"绝大部分集中于家庭联产承包农业、个体及私营企业、外资企业部门。

图 5.7 是"2000 年 18~60 岁未创业个体"在 2004 年、2006 年、2009 年各学历水平自雇型创业个体在自雇型创业总个体中所占比例的柱状图。由图 5.7 可知，对于"2000 年 18~60 岁未创业个体"，各学历水平自雇型创业个体在自雇型创业总个体中所占比例呈"倒 U 型"特征，且在 2004 年、2006 年，初中学历自雇型创业个体在自雇型创业总个体中所占比例最大，在 2009 年，高中及中职学历自雇型创业个体在自雇型创业总个体中所占比例最大。图 5.8 是"2000 年 18~60 岁未创业个体"在 2004 年、2006 年、2009 年各学历自雇型创业个体在总个体中所占比例的柱状图。从图 5.8 可以发现，各学历水平自雇型创业个体在总个体中所占比例呈"倒 U 型"特征，且在 2004 年、2006 年，初中学历自雇型创业个体在总个体中所占比例最大，在 2009 年，高中及中职学历自雇型创业个体在总个体中所占比例最大。

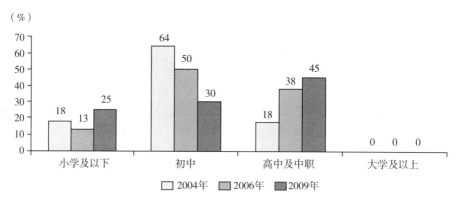

图 5.7 各学历水平自雇型创业个体在自雇型创业总个体中所占比例
（以"2000 年 18~60 岁未创业个体"为样本）

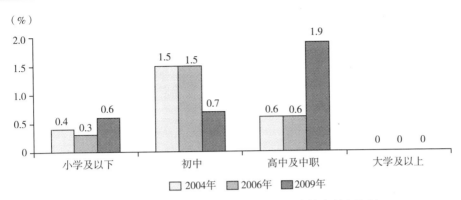

图 5.8 各学历水平自雇型创业个体在总个体中所占比例
（以 "2000 年 18~60 岁未创业个体" 为样本）

5.3.2 估计结果及分析说明

我们以 "1997 年 18~60 岁未创业个体" 为样本，采用这些个体在 2000 年、2004 年、2006 年、2009 年的数据，然后使用模型（5.1）考察受教育水平对其从事自雇型创业倾向的影响；以 "2000 年 18~60 岁未创业个体" 为样本，采用这些个体在 2004 年、2006 年、2009 年的数据，然后使用剔除了变量 $t00 \cdot edu_{it}$、$t00 \cdot edu_{it}^2$、$t04$ 的模型（5.1）来考察受教育水平对其从事自雇型创业倾向的影响。当个人进行自雇型创业时，模型（5.1）中的被解释变量（$entre_{it}$）取值 1，否则取值 0。在选择解释变量时，除了包括年度虚拟变量与受教育年数交叉项（$t00 \cdot edu_{it}$）、年度虚拟变量与受教育年数平方的交叉项（$t00 \cdot edu_{it}^2$），我们还选择了 Brown（2010）研究中老板型创业与自雇型创业加入的解释变量，包括年龄（age_{it}）、年龄平方（age_{it}^2）、个人收入（$income_{it}$）、性别（$gender$）、工作单位的类型（job_{it}）、婚姻（$marriage_{it}$）、家庭人数（$size_{it}$）。这些变量对自雇型创业倾向影响的相关观点与影响机制，在本书的第 3、第 4 章已经做出说明，在此不再进行叙述。

表 5.8 稳健性检验——受教育水平对自雇型创业倾向影响的回归

（以"1997 年、2000 年 18~60 岁未创业个体"为样本）

变 量	1997 年 18~60 岁未创业个体		2000 年 18~60 岁未创业个体	
	（1）	（2）	（3）	（4）
$t00 \cdot edu_{it}$	0.426 （0.193）	0.124 （0.182）		
$t00 \cdot edu_{it}^2$	-0.018 （0.371）			
$t04 \cdot edu_{it}$	3.744* （0.058）	0.077 （0.606）	3.356** （0.016）	0.018 （0.882）
$t04 \cdot edu_{it}^2$	-0.209** （0.050）		-0.195** （0.015）	
$t06 \cdot edu_{it}$	1.777* （0.082）	0.189 （0.152）	2.228** （0.028）	0.114 （0.308）
$t06 \cdot edu_{it}^2$	-0.090* （0.100）		-0.114** （0.030）	
$t09 \cdot edu_{it}$	0.415 （0.340）	0.159 （0.231）	1.054 （0.136）	0.179 （0.168）
$t09 \cdot edu_{it}^2$	-0.014 （0.564）		-0.049 （0.188）	
省份	随机效应	随机效应	随机效应	随机效应
年份	随机效应	随机效应	随机效应	随机效应
常数	-13.899*** （0.000）	-13.726*** （0.000）	-37.962*** （0.000）	-26.752*** （0.000）
Wald chi2	43.83** （0.021）	39.48** （0.017）	26.97 （0.357）	22.67 （0.420）
观测值	10256	10256	7798	7798

注：括号内数值为 p 值，*** 表示 p<0.01，** 表示 p<0.05，* 表示 p<0.1。还控制了年龄、年龄平方、收入水平、性别、婚姻、工作单位类型、家庭人数、省份、年份，为了节约篇幅，就没有报告这些控制变量的回归结论。

首先，考察受教育水平对"1997 年 18~60 岁未创业个体"在 2000 年、2004 年、2006 年、2009 年从事自雇型创业倾向的影响。当仅将年度虚拟变量与受教育年数的交叉项（$t \cdot edu_{it}$）作为核心解释变量时，观察表 5.8 第（2）列，发现各年的年度虚拟变量与受教育年数交叉项（$t \cdot edu_{it}$）的系数均不显著，这说明，受教育年数对自雇型创业的影响并不是线性的。其次，不仅将年度虚拟变量与受教育年数的交叉项（$t \cdot edu_{it}$）作为核心解释变量，而且将年度虚拟变量与受教育年数平方的交叉项（$t \cdot edu_{it}^2$）作为核心解释变量，考察受教育年数对"1997 年 18~60 岁未创业个体"从事自雇型创业倾向的影响。从表 5.8 第（1）列可以看出，"1997 年 18~60 岁未创业个体"在 2004 年、2006 年，年度虚拟变量与受教育年数的交叉项（$t04 \cdot edu_{it}$、$t06 \cdot edu_{it}$）系数为正，并且均在 10% 的水平上显著，且 2004 年、2006 年的年度虚拟变量与受教育年数平方的交叉项（$t04 \cdot edu_{it}^2$、$t06 \cdot edu_{it}^2$）系数为负。这说明，"1997 年 18~60 岁未创业个体"在 2004 年、2006 年，受教育年数与自雇型创业倾向之间呈"倒 U型"关系：即在达到某一受教育水平之前，受教育年数的提高会使自雇型创业的倾向上升，当受教育年数超过这一受教育水平后，受教育年数的继续提高则会使自雇型创业的可能性下降。在 2000 年、2009 年，受教育年数与自雇型创业倾向之间依然呈"倒 U 型"关系，只是 2000 年、2009 年的年度虚拟变量与受教育年数交叉项（$t00 \cdot edu_{it}$、$t09 \cdot edu_{it}$）的系数，2000 年、2009 年的年度虚拟变量与受教育年数平方的交叉项（$t00 \cdot edu_{it}^2$、$t09 \cdot edu_{it}^2$）系数均不显著。至于 2000 年的年度虚拟变量与受教育年数交叉项（$t00 \cdot edu_{it}$）的系数，2000 年的年度虚拟变量与受教育年数平方交叉项（$t00 \cdot edu_{it}^2$）的系数不显著，这很可能与当时国有企业改制和东南亚金融危机所导致的不利经济环境有关。20 世纪 90 年代中后期国内总需求不足和东南亚金融危机使得我国的经济不景气，创业所面临的总体经济环境较差。所以从总体而言，当时我国居民的创业活跃度较低、创业的可能性较小。如张卓元（2014）认为，1996~2002年，私营经济户数年增幅仅为 15% 左右。至于 2009 年的年度虚拟变量与受教育年数交叉项（$t09 \cdot edu_{it}$）的系数，2009 年的年度虚拟变量与受教育年数平方交叉项（$t09 \cdot edu_{it}^2$）的系数不显著，原因很可能是"1997 年 18~60 岁未创业个体"中的很多个体在 2009 年年龄已经偏大，没有激情进行自雇型创业。

据统计，在 2009 年，80% 的 "1997 年 18~60 岁未创业个体" 已超过 40 岁。著名的风险投资家 Paul Graham（2005）就创业者的年龄有一段论述。他认为创业的下限年龄是 38 岁，创业所需要的体力巨大，很难想象一个将近 40 的人还能支持住。

以 "2000 年 18~60 岁未创业个体" 作为样本，考察 "2000 年 18~60 岁未创业个体" 在 2004 年、2006 年和 2009 年，受教育水平对其从事自雇型创业倾向的影响。采用剔除了变量 $t00 \cdot edu_{it}$、$t00 \cdot edu_{it}^2$、$t04$ 后的模型（5.1），考察受教育水平对 "2000 年 18~60 岁未创业个体" 从事自雇型创业倾向的影响。当仅将年度虚拟变量与受教育年数的交叉项（$t \cdot edu_{it}$）作为核心解释变量时，表 5.8 第（4）列显示各年的年度虚拟变量与受教育年数交叉项（$t \cdot edu_{it}$）的系数均不显著，这说明，受教育年数对自雇型创业倾向的影响很可能并不是线性的，这提示我们将各年的年度虚拟变量与受教育年数平方的交叉项（$t \cdot edu_{it}^2$）也作为解释变量。将年度虚拟变量与受教育年数的交叉项（$t \cdot edu_{it}$）及年度虚拟变量与受教育年数平方的交叉项（$t \cdot edu_{it}^2$）作为核心解释变量，表 5.8 第（3）列汇报了相应的估计结果。从表 5.8 第（3）列的回归结果可以看出，"2000 年 18~60 岁未创业个体" 在 2004 年、2006 年，年度虚拟变量与受教育年数的交叉项（$t04 \cdot edu_{it}$、$t06 \cdot edu_{it}$）系数为正，并且均在 5% 的水平上显著，且年度虚拟变量与受教育年数平方的交叉项（$t04 \cdot edu_{it}^2$、$t06 \cdot edu_{it}^2$）系数为负，并且也均在 5% 的水平上显著。这就说明，"2000 年 18~60 岁未创业个体" 在 2004 年、2006 年，受教育年数与自雇型创业倾向之间呈 "倒 U 型" 关系：即在达到某一受教育水平之前，受教育年数的提高会使自雇型创业倾向上升，当受教育年数超过这一受教育水平后，受教育年数的继续提高则会使自雇型创业的可能性下降。在 2009 年，受教育年数与自雇型创业倾向之间依然呈 "倒 U 型" 关系，只是年度虚拟变量与受教育年数的交叉项（$t09 \cdot edu_{it}$）系数、年度虚拟变量与受教育年数平方的交叉项（$t09 \cdot edu_{it}^2$）系数不显著。2009 年核心解释变量不显著的原因很可能是 "2000 年 18~60 未创业个体" 中的很多个体在 2009 年年龄已经偏大，没有激情进行自雇型创业。在 2009 年，77% 的 "2000 年 18~60 未创业个体" 已超过 40 岁。

通过将 "1997 年、2000 年 18~60 岁未创业个体" 在各受调查年度使得自雇型创业可能性最大的受教育年数列示于表5.9，我们发现，使得自雇型创业可能性最大的受教育年数绝大部分约为9年，即初中学历个体自雇型创业可能性最大。表4.4、表4.8中使得老板型创业可能性最大的受教育年数与表5.9中使得自雇型创业可能性最大的受教育年数较为接近，这证实了第2章假设3中的相关内容，即在我国，由于老板型创业与自雇型创业的规模相差不大，且创业均集中在低技能、不熟练的领域，从而使得老板型创业可能性最大的受教育年数与使得自雇型创业可能性最大的受教育年数基本一样。

表5.9 自雇型创业倾向最大的受教育年数

（以"1997年、2000年18~60岁未创业个体"为样本）

	2000年自雇型创业倾向最大的受教育年数	2004年自雇型创业倾向最大的受教育年数	2006年自雇板型创业倾向最大的受教育年数	2009年自雇型创业倾向最大的受教育年数
1997年18~60岁未创业个体	不显著	8.96	9.87	不显著
2000年18~60岁未创业个体		8.61	9.77	不显著

对于"1997年、2000年18~60岁未创业个体"，受教育年数对自雇型创业倾向的影响是"倒U型"的，中等受教育程度（9年左右）个体从事自雇型创业的可能性最大，受教育年数较低、较高的个体从事自雇型创业的可能性较小。

5.4 本章小结

本章着重考察了受教育水平对自雇型创业倾向的影响。以CHNS"1997年、2000年18~60岁未进行老板型创业个体"为样本，实证研究了受教育水平对中国居民自雇型创业倾向的影响。挑选出 CHNS 数据中"1997 年 18～60 岁未进行老板型创业个体"，这些个体在以后受调查年度（2000 年、2004 年、2006 年、2009 年）可能从事了自雇型创业，也可能没有从事自雇型创业。采用这些个体在以后受调查年度（2000 年、2004 年、2006 年、2009 年）相关变量的数据，研究受教育水平对中国居民自雇型创业倾向的影响。挑选出 CHNS 数据中"2000 年 18～60 岁未进行老板型创业个体"，这些个体在以后受调查年度（2004 年、2006 年、2009 年）可能进行了自雇型创业，也可能没有进行自雇型创业。采用这些个体在以后受调查年度（2004 年、2006 年、2009 年）相关变量的数据，研究受教育水平对中国居民自雇型创业倾向的影响。研究发现，受教育水平对中国居民自雇型创业倾向的影响呈"倒 U 型"特征，初中学历个体进行自雇型创业的可能性最大，小学及以下学历水平、高中及中职、大学及以上学历水平自雇型创业的可能性较小。

相对于自雇型创业非常低的潜在收益，大学及以上学历个体很容易在高层次劳动力市场上找到一份高薪、稳定的工作，这些个体从事自雇型创业的机会成本较大，他们从事自雇型创业的可能性很低。对于小学及以下学历个体，由于在很多情况下，自雇型创业是个体在劳动力市场上找不到工作的被迫选择，他们进行自雇型创业的潜在收益低；且由于中国加入 WTO 后，对农民工的需求增加，农民工的工资上升，低学历个体从事自雇型创业的机会成本较大。所以小学及以下学历个体从事自雇型创业的可能性较低。接受 9 年左右受教育年数的初中学历个体具有丰富的创业经验，具备一定的基础知识和认知能力，他们在低技能、不熟练的行业从事自雇型创业的潜在收益较高；同时，由于他们在高层次劳动力市场上没有明显的竞争优势，他们从事自雇型创业的机会成本较低。所以初中学历个体从事自雇型创业的可能性较大。

以 CHNS"1997 年、2000 年 18～60 岁未创业个体"为样本，对上述结论做稳健性检验。稳健性检验的结论肯定了基本回归所得到的结论。

所以，本章得到的结论是，受教育年数对中国居民自雇型创业倾向的影响是"倒 U 型"的，初中学历个体自雇型创业的可能性最大，小学及以下学历水平、高中及中职、大学及以上学历水平个体进行自雇型创业的可能性较小。

6 受教育水平对创业倾向影响地区差异的实证分析

6.1 不同省份创业个体受教育水平的描述性统计

从第3~第5章，我们基本上得到了如下结论：受教育水平对创业倾向的影响呈"倒U型"特征：中等受教育年数个体，创业的可能性最大，而受教育年数较低和较高个体的创业可能性较小。由于CHNS数据是以全国9个省份的调查为基础，这9个省份的经济发展水平参差不齐，且分布在我国的东部、中部、西部地区，所以，CHNS数据提供的信息可以很好地代表全国的情况，从而受教育水平对创业倾向的影响呈"倒U型"特征的这一结论可以很好地反映全国整体的情况。但是，受教育水平对创业倾向影响呈"倒U型"特征这一结论在每一个省份均成立吗？受教育水平对创业倾向的影响在省级层面上是否存在地区差异？本章试图通过实证分析来回答上面的问题。

首先本章对不同省份下创业个体的学历分布及平均受教育程度进行描述性统计与说明。在1997年，CHNS仅调查了8个省份，所以，表6.1给出了8个省份的相关数据；在2000年，CHNS调查了9个省份，表6.2给出了9个省份的相关数据。

表 6.1 不同省份创业个体的学历分布及平均受教育水平（1997 年数据）

（以"1997 年 18~60 岁未创业个体"为样本）

变量	广西	黑龙江	江苏	湖北	贵州	山东	河南	湖南
dip1	21 (0.20)	8 (0.19)	16 (0.24)	10 (0.15)	13 (0.14)	8 (0.17)	20 (0.32)	16 (0.31)
dip2	56 (0.52)	29 (0.69)	35 (0.51)	30 (0.45)	29 (0.31)	14 (0.30)	21 (0.33)	19 (0.37)
dip3	27 (0.25)	3 (0.07)	16 (0.24)	26 (0.39)	51 (0.54)	21 (0.46)	18 (0.29)	16 (0.31)
dip4	3 (0.03)	2 (0.05)	1 (0.01)	0 (0.00)	1 (0.01)	3 (0.07)	4 (0.06)	0 (0.00)
$\overline{edu}$	8.05	8.67	7.27	7.68	6.53	7.36	7.31	8.28

注：表中给出了各学历水平创业人数（dip）、各学历水平创业人数占总创业人数的比例；平均受教育年数（$\overline{edu}$）。

从表 6.1 我们可以发现，对于广西、黑龙江、江苏、湖北四省份，初中学历个体的创业个体在总创业人数中所占比例最大，小学及以下学历创业个体、大学及以上学历创业个体在总创业人数中所占比例较少；对贵州、山东两省，高中及中职学历创业个体在总创业人数中所占比例最大，小学及以下学历创业个体、大学及以上学历创业个体在总创业人数中所占比例较少；对于河南、湖南两省，小学及以下学历创业个体、初中学历创业个体、高中及中职学历创业个体在总创业人数中所占比例基本没有显著差异。另外，各地区创业个体的平均受教育年数没有明显差异，基本上都在 8 年左右。

表 6.2 不同省份创业个体的学历分布及平均受教育水平（2000 年数据）

（以"2000 年 18~60 岁未创业个体"为样本）

变量	广西	辽宁	黑龙江	江苏	湖北	贵州	河南	山东	湖南
dip1	18 (0.26)	3 (0.08)	7 (0.28)	8 (0.13)	9 (0.20)	14 (0.30)	4 (0.16)	5 (0.12)	7 (0.22)
dip2	34 (0.49)	24 (0.65)	14 (0.56)	28 (0.45)	23 (0.50)	26 (0.57)	9 (0.36)	17 (0.41)	17 (0.53)

续表

变量	广西	辽宁	黑龙江	江苏	湖北	贵州	河南	山东	湖南
dip3	16 (0.23)	10 (0.27)	3 (0.12)	25 (0.40)	14 (0.30)	6 (0.13)	12 (0.48)	16 (0.39)	8 (0.25)
dip4	2 (0.03)	0 (0.00)	1 (0.04)	1 (0.02)	0 (0.00)	0 (0.00)	0 (0.00)	3 (0.07)	0 (0.00)
$\overline{edu}$	8.09	8.76	9.01	7.68	7.93	7.02	7.47	7.73	8.52

注：表中给出了各学历水平创业人数（dip）、各学历水平创业人数占总创业人数的比例；平均受教育年数（$\overline{edu}$）。

表 6.2 显示，对于广西、辽宁、黑龙江、江苏、湖北、贵州、湖南七省份，初中学历创业个体在总创业人数中所占比例最大，而小学及以下学历创业个体、大学及以上学历创业个体在总创业人数中所占比例较小；对于河南省，高中及中职学历创业个体在总创业人数中所占比例最大，而小学及以下学历创业个体、初中学历创业个体、大学及以上学历创业个体在总创业人数中所占比例较小；对于山东省，初中学历创业个体、高中及中职学历创业个体在总创业人数中所占比例没有显著差异。广西、辽宁、黑龙江、湖南四省份创业个体的平均受教育年数均在 8 年以上，而江苏、湖北、贵州、河南、山东五省的平均受教育年数较少，均在 8 年以下。

6.2　实证结果与分析

借鉴基准模型（3.4），本节分析受教育水平对创业倾向影响的地区差异。模型的被解释变量仍是创业（$entre_{it}$），当个体选择创业作为自己的职业时，被解释变量（$entre_{it}$）取值 1；当个体选择工作作为自己的职业时，被解释变量（$entre_{it}$）取值 0。第 3 章已经发现，受教育水平对创业倾向的影响呈"倒 U 型"特征，所以本章将基准模型（3.4）中的核心解释变量替换为省份虚拟变量与受教育年数交叉项（$p \cdot edu_{it}$）、省份虚拟变量与受教育年数平方的交叉项（$p \cdot edu_{it}^2$）。将基准模型（3.4）进行了以上变换后，本章的回归模型如下：

$$Pr(entre_{it}=1) = \frac{1}{1+e^{-(\alpha+\Theta N'+u_{it})}} \tag{6.1}$$

式中：$\Theta = [\Theta_1,\ \Theta_2,\ \cdots,\ \Theta_{22}]$，$N = [p1 \cdot edu_{it}\ \ p1 \cdot edu_{it}^2\ \ p2 \cdot edu_{it}\ \ p2 \cdot edu_{it}^2\ \ p3 \cdot edu_{it}\ \ p3 \cdot edu_{it}^2\ \ p4 \cdot edu_{it}\ \ p4 \cdot edu_{it}^2\ \ p5 \cdot edu_{it}\ \ p5 \cdot edu_{it}^2\ \ p6 \cdot edu_{it}\ \ p6 \cdot edu_{it}^2\ \ p7 \cdot edu_{it}\ \ p7 \cdot edu_{it}^2\ \ p8 \cdot edu_{it}\ \ gender\ \ age_{it}^2\ \ hukou_{it}\ \ income_{it}\ \ p1\ \ p2\ \ p3\ \ p4\ \ p5\ \ p6\ \ p7\ \ p8\ \ t04\ \ t06\ \ t09]$。

采用"1997 年 18~60 岁未创业个体"在 2000 年、2004 年、2006 年、2009 年的面板数据及"2000 年 18~60 岁未创业个体"在 2004 年、2006 年、2009 年的面板数据，以广西（p9）为对照组，分析受教育水平对创业倾向影响的是否存在地区差异。对于参照组广西，受教育年数对创业倾向的影响是"倒 U 型"的。缘于与第 3 章同样的原因，本章也使用随机效应估计方法。回归结果如表 6.3 所示。

表 6.3　受教育水平对创业倾向影响地区差异的估计

（以"1997 年、2000 年 18~60 岁未创业个体"为样本）

变　量	1997 年 18~60 岁未创业个体	2000 年 18~60 岁未创业个体
$p1 \cdot edu_{it}$		1.18 **
		（0.043）
$p1 \cdot edu_{it}^2$		−0.07 **
		（0.027）
$p2 \cdot edu_{it}$	1.42 ***	1.05 **
	（0.010）	（0.043）
$p2 \cdot edu_{it}^2$	−0.08 ***	−0.07 **
	（0.003）	（0.029）
$p3 \cdot edu_{it}$	0.28 *	0.43 *
	（0.100）	（0.056）

续表

变量	1997 年 18~60 岁未创业个体	2000 年 18~60 岁未创业个体
$p3 \cdot edu_{it}^2$	-0.02^{**}	-0.03^{**}
	(0.037)	(0.031)
$p4 \cdot edu_{it}$	0.50^{*}	0.74^{*}
	(0.09)	(0.064)
$p4 \cdot edu_{it}^2$	-0.03^{*}	-0.05^{*}
	(0.10)	(0.051)
$p5 \cdot edu_{it}$	1.22^{***}	2.22^{***}
	(0.008)	(0.002)
$p5 \cdot edu_{it}^2$	-0.07^{***}	-0.13^{***}
	(0.009)	(0.002)
$p6 \cdot edu_{it}$	0.09	1.53^{**}
	(0.560)	(0.034)
$p6 \cdot edu_{it}^2$	-0.01	-0.08^{**}
	(0.243)	(0.028)
$p7 \cdot edu_{it}$	0.26	0.56
	(0.386)	(0.186)
$p7 \cdot edu_{it}^2$	-0.03^{*}	-0.05^{*}
	(0.10)	(0.07)
$p8 \cdot edu_{it}$	-0.10	0.19
	(0.645)	(0.504)
$p8 \cdot edu_{it}^2$	0.01	-0.007
	(0.423)	(0.662)
省份	随机效应	随机效应
年份	随机效应	随机效应
常数项	-3.980^{***}	-4.047^{***}
	(0.000)	(0.000)
观测值	10685	8065

注：括号内数值为 p 值，*** 表示 p<0.01，** 表示 p<0.05，* 表示 p<0.1。还控制了年龄平方、收入水平、性别、户籍、省份、年份，为了节约篇幅，就没有报告这些控制变量的回归结果。p1、p2、p3、p4、p5、p6、p7、p8 分别代表辽宁、黑龙江、江苏、湖北、贵州、河南、湖南、山东，广西（p9）为对照组。

从表 6.3 我们可以看到，选择 "1997 年 18~60 岁未创业个体" 与选择 "2000 年 18~60 岁未创业个体" 作为样本，相对于广西，对于大多数省份，省份虚拟变量与受教育年数的交叉项（$p \cdot edu_{it}$）、省份虚拟变量与受教育年数平方的交叉项（$p \cdot edu_{it}^2$）在回归系数的符号、显著性上相同；而对于少数省份，以 "1997 年 18~60 岁未创业个体" 为样本与以 "2000 年 18~60 岁未创业个体" 为样本，省份虚拟变量与受教育年数的交叉项（$p \cdot edu_{it}$）、省份虚拟变量与受教育年数平方的交叉项（$p \cdot edu_{it}^2$）在回归系数的符号、显著性上有所不同。

对于 "1997 年 18~60 岁未创业个体"，相对于广西，黑龙江、江苏、湖北、贵州四省份的核心解释变量——省份虚拟变量与受教育年数交叉项（$p \cdot edu_{it}$）的回归系数符号为正且均显著、省份虚拟变量与受教育年数平方交叉项（$p \cdot edu_{it}^2$）的回归系数符号为负且均显著；山东、河南两省的核心解释变量——省份虚拟变量与受教育年数交叉项（$p \cdot edu_{it}$）的回归系数不显著、省份虚拟变量与受教育年数平方交叉项（$p \cdot edu_{it}^2$）的回归系数也不显著；而对于湖南省，其核心解释变量——省份虚拟变量与受教育年数交叉项（$p7 \cdot edu_{it}$）的回归系数不显著，但省份虚拟变量与受教育年数平方交叉项（$p7 \cdot edu_{it}^2$）的回归系数符号为负且显著。对于 "2000 年 18~60 岁未创业个体"，相对于广西，辽宁、黑龙江、江苏、湖北、河南、贵州六省份的核心解释变量——省份虚拟变量与受教育年数交叉项（$p \cdot edu_{it}$）的回归系数符号为正且均显著、省份虚拟变量与受教育年数平方交叉项（$p \cdot edu_{it}^2$）的回归系数符号为负且均显著；山东的核心解释变量——省份虚拟变量与受教育年数交叉项（$p8 \cdot edu_{it}$）的回归系数不显著、省份虚拟变量与受教育年数平方交叉项（$p8 \cdot edu_{it}^2$）的回归系数也不显著；而对于湖南，其核心解释变量——省份虚拟变量与受教育年数交叉项（$p7 \cdot edu_{it}$）的回归系数不显著，但省份虚拟变量与受教育年数平方交叉项（$p7 \cdot edu_{it}^2$）的回归系数符号为负且显著。

综合以 "1997 年 18~60 岁未创业个体" 为样本与以 "2000 年 18~60 岁未创业个体" 为样本得出的回归结果，我们可以得到以下结论：以广西为对照组，相对于低学历个体和高学历个体，辽宁、黑龙江、江苏、湖北、贵州五省的中等学历个体的创业倾向更高；湖南低学历个体的创业倾向更大，高学历个体的创业倾向更小；山东的受教育程度对创业倾向的影响与广西没有显著的差异。至于河南，由于在不同的样本下存在不同的回归结果，故无法作出一致的判断。

6.3 本章小结

在第3章中，我们得到了受教育水平对创业倾向的影响是"倒 U 型"的结论。但由于中国的地理面积大，不同省份的经济发展水平、创业文化、政府对创业的支持力度等方面存在不同，我们认为在不同的省份，受教育水平对创业倾向的影响是存在地区差异的。以广西为对照组，应用模型（6.1），本章实证考察了受教育水平对创业倾向的影响是否存在地区差异。本章得到如下结论，以广西为对照组，相对于低、高学历个体，辽宁、黑龙江、江苏、湖北、贵州五省的中等学历个体的创业倾向更高；湖南低学历个体的创业倾向更大，高学历个体的创业倾向更小；山东的受教育水平对创业倾向的影响与广西没有显著的差异；至于河南，由于在不同的样本下存在不同的回归结果，故无法作出一致的判断。这说明，受教育水平对创业倾向的影响是存在地区差异的。由于各个省份在许多方面存在不同，深入研究受教育水平对创业倾向影响存在地区差异的原因是另一项重大的任务，因此，本章着重回答"是什么"的存在现象，而不深入地用理论解释"为什么"的问题。

7 受教育水平对创业收入影响的实证分析

Paulson 和 Townsend（2004）发现，教育与企业家才能之间存在强相关关系，提升人力资本能够显著促进创业和提高创业绩效。国内学者只有张海宁等（2013）在考察金融约束与家庭创业收入时，将受教育年数作为非核心解释变量，简单探讨了受教育程度对创业收入的影响。

7.1 受教育水平对老板型创业个体创业收入的影响

7.1.1 老板型创业个体创业收入变量的描述性统计

以"2000 年老板型创业个体"为样本，将这些个体划分为受教育年数在6 年以下、6~9 年、9~12 年及 12 年以上的个体。然后对这四类不同学历个体老板型创业个体创业收入的特征进行描述性统计，包括创业收入的最大值、最小值、均值、标准差。这些变量的描述性统计如表 7.1 所示。

表 7.1 老板型创业个体创业收入的描述性统计

（以"2000 年老板型创业个体"为样本）

项目	最大值	最小值	均值	标准差	观测值
6 年以下	56131	219	12910	11979	56
6~9 年	185481	340	16700	27387	93

续表

项目	最大值	最小值	均值	标准差	观测值
9~12 年	300000	0	27187	48938	71
12 年以上	74099	2235	14263	14607	30

注：创业收入的单位是元。

以"2004 年老板型创业个体"为样本，将这些个体划分为受教育年数在 6 年以下、6~9 年、9~12 年及 12 年以上的个体。然后对这四类不同学历个体老板型创业个体创业收入的特征进行描述性统计，包括创业收入的最大值、最小值、均值、标准差。这些变量的描述性统计如表 7.2 所示。

表 7.2 老板型创业个体创业收入的描述性统计

（以"2004 年老板型创业个体"为样本）

项目	最大值	最小值	均值	标准差	观测值
6 年以下	78194	1267	19082	18166	25
6~9 年	171766	439	20629	26303	92
9~12 年	623931	0	34501	68501	154
12 年以上	74099	18951	26164	10201	2

注：创业收入的单位是元。

本节还采用图形对各受教育年数水平与老板型创业者创业收入之间的关系进行了描述。以"2000 年老板型创业个体"为样本时，各受教育水平上老板型创业者创业收入的分布如图 7.1 所示，以"2004 年老板型创业个体"为样本时，各受教育水平上老板型创业者创业收入的分布如图 7.2 所示。

从图 7.1 及图 7.2，我们可以看到，对于"2000 年、2004 年老板型创业个体"，不同受教育水平上老板型创业者创业收入的分布大致一样，受教育年数与老板型创业者创业收入两者之间并没有呈现线性或曲线的关系。

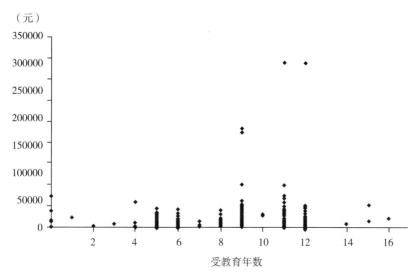

图 7.1 各个受教育水平上老板型创业者创业收入的分布
（以 "2000 年老板型创业个体" 为样本）

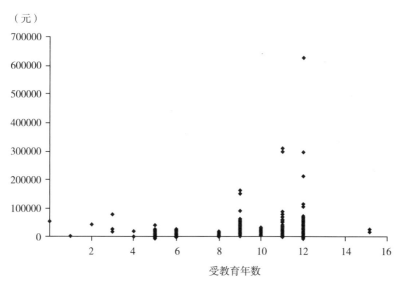

图 7.2 各个受教育水平上老板型创业者创业收入的分布
（以 "2004 年老板型创业个体" 为样本）

7.1.2 基本模型、变量设定与样本选择

本部分在分析受教育水平对老板型创业者创业收入的影响时，构建如下的计量回归模型：

$$\text{income}_{it} = \alpha_0 + \alpha_1 \text{edu}_{it} + \alpha_2 \text{edu}_{it}^2 + \sum \beta_i \text{control}_{it} + \varepsilon_{it} \qquad (7.1)$$

在回归模型（7.1）中，解释变量是老板型创业者的创业收入（income_{it}），核心解释变量是个体受教育年数（edu_{it}）、个体受教育年数平方（edu_{it}^2）。对于"2000年老板型创业个体"，在2000年、2004年、2006年、2009年仍然是老板型创业的个体分别为240人、33人、16人、11人；对于"2004年老板型创业个体"，在2004年、2006年、2009年仍然是老板型创业的个体分别为192人、37人、21人。所以，本部分在设置核心解释变量时，就没有将各年的年度虚拟变量与受教育水平的交叉项（$t \cdot \text{edu}_{it}$）、年度虚拟变量与受教育年数平方的交叉项（$t \cdot \text{edu}_{it}^2$）作为核心解释变量。模型（7.1）中的控制变量包括工作经验（workexpe_{it}）、工作经验平方（workexpe_{it}^2）、性别（gender）、工作单位类型（job_{it}）、婚姻（marriage_{it}）。在Mincer方程中，收入不仅取决于受教育水平，还取决于工作年数、工作年数的平方，所以，我们还在回归方程中控制了工作经验（workexpe_{it}）、工作经验平方（workexpe_{it}^2）。邢春冰（2005）认为，不同所有制中存在截然不同的工资决定机制，所以，控制变量还包括反映不同所有制的工作单位类型虚拟变量（job_{it}）、婚姻（marriage_{it}）、性别（gender）、省份虚拟变量、年份虚拟变量，这些通常都是收入的决定因素。由于年龄（age_{it}）与工作经验（workexpe_{it}）存在高度的共线性，所以，控制变量中就没有年龄（age_{it}）。

本章采用以下方法选择样本。以"2000年老板型创业个体"为样本，并挑选出在2004年、2006年、2009年仍在进行老板型创业的个体，这些不同年份的个体构成了一个非平衡面板数据。以"2004年老板型创业个体"为样本，并挑选出在2006年、2009年仍在进行老板型创业的个体，这些不同年份的个体也构成了一个非平衡面板数据。由于个体的受教育年数一般不发生变化，采用固定效应分析方法时，会剔除很多样本，所以，本部分采用随机效应分析方法对模

型（7.1）进行估计，试图估计受教育年数对老板型创业者创业收入的影响。

7.1.3 实证结果与分析

表 7.3 受教育水平对老板型创业者创业收入影响的估计

（以 "2000 年、2004 年老板型创业个体" 为样本）

变　量	2000 年老板型创业个体		2004 年老板型创业个体	
	（1）	（2）	（3）	（4）
edu_{it}	1188.33	808.49	-10453.08	3441.24
	(0.637)	(0.333)	(0.196)	(0.110)
edu_{it}^2	-24.37		817.16*	
	(0.873)		(0.095)	
省份	随机效应	随机效应	随机效应	随机效应
年份	随机效应	随机效应	随机效应	随机效应
常数	-12257.46	11534.52	40925.21	-43836.44
	(0.522)	(0.534)	(0.204)	(0.218)
Wald chi2	115.57***	116.09***	76.83***	72.73***
	(0.000)	(0.000)	(0.001)	(0.000)
观测值	227	227	191	191

注：括号内数值为 p 值，*** 表示 $p<0.01$，** 表示 $p<0.05$，* 表示 $p<0.1$。还控制了工作经验、工作经验平方、户籍、性别、工作单位类型、婚姻变量，限于篇幅，就没有汇报这些变量的回归结果。

从表 7.3 中发现，不管是以 "2000 年老板型创业个体" 为样本所构建的面板数据，还是以 "2004 年老板型创业个体" 为样本所构建的面板数据，表 7.3 的第（1）、第（3）列显示，核心解释变量——edu_{it} 与 edu_{it}^2 的系数均不显著（对于 "2004 年老板型创业个体"，edu_{it}^2 的系数接近于不显著）。该回归结果说明，老板型创业个体的受教育年数对其创业收入的影响可能不是线性的，这提示我们去掉模型（7.1）中的受教育年数平方（edu_{it}^2），再考察受教育程度对老板型创业者创业收入的影响。表 7.3 的第（2）、第（4）列的实证结果显示，核心解释变量——受教育年数（edu_{it}）的回归系数不显著，这说明，老板型创业者的受教育年数对其创业收入的影响不是线性的。总之，在各受调查年度中，老板型创业者的受教育年数对其创业收入既没有线性影响，也没有曲线影响，这说明，老板型创业者的受教育年数对其创业收入很可能没有显著影响。

7.2 受教育水平对自雇型创业个体创业收入的影响

7.2.1 自雇型创业个体创业收入变量的描述性统计

本节考察受教育水平对自雇型创业者创业收入的影响。以"2000年自雇型创业个体"为样本，将这些个体划分为受教育年数在6年以下、6~9年、9~12年及12年以上的个体。然后对这四类不同学历个体自雇型创业个体创业收入的特征进行描述性统计，包括创业收入的最大值、最小值、均值、标准差。这些变量的描述性统计如表7.4所示。

表 7.4 自雇型创业个体创业收入的描述性统计

（以"2000 年自雇型创业个体"为样本）

项目	最大值	最小值	均值	标准差	观测值
6 年以下	79200	-7376	6162	6162	601
6~9 年	192874	-7376	7531	10769	1186
9~12 年	192874	-7376	7531	10769	589
12 年以上	27213	4808	11773	9446	5

注：创业收入的单位是元。

以"2004年自雇型创业个体"为样本，将这些个体划分为受教育年数在6年以下、6~9年、9~12年及12年以上的个体。然后对这四类不同学历个体自雇型创业个体创业收入的特征进行描述性统计，包括创业收入的最大值、最小值、均值、标准差。这些变量的描述性统计如表7.5所示。

表7.5 自雇型创业个体创业收入的描述性统计

（以"2004年自雇型创业个体"为样本）

项目	最大值	最小值	均值	标准差	观测值
6年以下	79200	−68364	7458	10026	321
6~9年	381751	−68364	11013	20630	738
9~12年	821691	−50363	12093	10632	178
12年以上	20121	4808	12464	10827	2

注：创业收入的单位是元。

本节还采用图形对各受教育年数水平与自雇型创业个体创业收入之间的关系进行了描述。以"2000年自雇型创业个体"为样本时，各受教育水平上自雇型创业个体创业收入的分布如图7.3所示，以"2004年自雇型创业个体"为样本时，各受教育水平上自雇型创业个体创业收入的分布如图7.4所示。

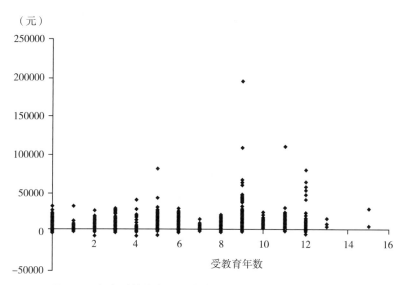

图7.3 各个受教育水平上自雇型创业个体创业收入的分布

（以"2000年自雇型创业个体"为样本）

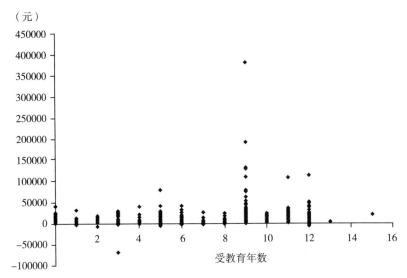

图 7.4　各个受教育水平上自雇型创业个体创业收入的分布
（以"2004 年自雇型创业个体"为样本）

从图 7.3 及图 7.4，我们可以看到，对于"2000 年、2004 年自雇型创业个体"，不同受教育水平上自雇型创业个体创业收入的分布大致一样，受教育年数与自雇型创业个体创业收入两者之间并没有呈现线性或曲线的关系。

7.2.2　基本模型、变量设定与样本选择

本部分在分析受教育水平对自雇型创业者创业收入的影响时，构建如下的计量回归模型：

$$income_{it} = \alpha + \alpha_1 t_{00} edu_{it} + \alpha_2 t_{00} edu_{it}^2 + \alpha_3 t_{04} edu_{it} + \alpha_4 t_{04} edu_{it}^2 + \alpha_5 t_{06} edu_{it} +$$

$$\alpha_6 t_{06} edu_{it}^2 + \alpha_7 t_{09} edu_{it} + \alpha_8 t_{09} edu_{it}^2 + \sum \beta_i control_{it} + \varepsilon_{it} \qquad (7.2)$$

在回归模型（7.2）中，解释变量是自雇型创业者的创业收入（$income_{it}$），核心解释变量是各年的年度虚拟变量与受教育水平的交叉项（$t \cdot edu_{it}$）、年度虚拟变量与受教育年数平方的交叉项（$t \cdot edu_{it}^2$）。在模型（7.2）中，本部分并不是仅将受教育年数与受教育年数平方作为核心解释变量，还将各年的年度虚拟变量与受教育年数的交叉项（$t \cdot edu_{it}$）、年度虚拟变量与受教育年数平方的交叉项（$t \cdot edu_{it}^2$）作为核心解释变量。将年度虚拟变量与受教育年数的交

叉项（$t \cdot edu_{it}$）、年度虚拟变量与受教育年数平方的交叉项（$t \cdot edu_{it}^2$）作为核心解释变量，一方面是出于探讨各年受教育水平对自雇型创业个体创业收入影响的需要，但另一更重要的方面是为了消除不可观测的能力所带来的内生性问题。由于个人的受教育年数一般不变，所以，如果仅将个人受教育年数（edu_{it}）、个人受教育年数的平方（edu_{it}^2）作为核心解释变量，则在利用固定效应分析方法时，会消除许多样本，故在模型（7.2）中，我们设置了年度虚拟变量与受教育年数的交叉项（$t \cdot edu_{it}$）、年度虚拟变量与受教育年数平方的交叉项（$t \cdot edu_{it}^2$）作为核心解释变量。模型（7.2）中的控制变量包括工作经验（$workexpe_{it}$）、工作经验平方（$workexpe_{it}^2$）、性别（gender）、工作单位类型（job_{it}）、婚姻（$marriage_{it}$）。在 Mincer 方程中，收入不仅取决于受教育水平，还取决于工作年数、工作年数的平方，所以，我们还在回归方程中控制了工作经验（$workexpe_{it}$）、工作经验平方（$workexpe_{it}^2$）。邢春冰（2005）认为，不同所有制中存在截然不同的工资决定机制，所以，控制变量还包括反映不同所有制的工作单位类型虚拟变量（job_{it}）、婚姻（$marriage_{it}$）、性别（gender）、省份虚拟变量、年份虚拟变量，这些通常都是收入的决定因素。由于年龄（age_{it}）与工作经验（$workexpe_{it}$）存在高度的共线性，所以，控制变量中就没有年龄（age_{it}）。

本章采用以下方法选择样本。以"2000 年自雇型创业个体"为样本，并挑选出在 2004 年、2006 年、2009 年仍在进行自雇型创业的个体。在 2000 年自雇型创业的 753 人中，2004 年、2006 年、2009 年仍分别有 263 人、245 人、155 人进行自雇型创业，这些不同年份的个体构成了一个非平衡面板数据。以"2004 年自雇型创业个体"为样本，并挑选出在 2006 年、2009 年仍在进行自雇型创业的个体。在 2004 年自雇型创业的 379 人中，2006 年、2009 年仍分别有 164 人、131 人进行自雇型创业，这些不同年份的个体也构成了一个非平衡面板数据。然后，采用固定效应分析方法对模型（7.2）进行估计，试图估计受教育年数对自雇型创业者创业收入的影响。

7.2.3 实证结果与分析

从表 7.6 中发现，不管是以"2000 年自雇型创业个体"为样本所构建的面板数据，还是以"2004年自雇型创业个体"为样本所构建的面板数据，表7.6的第（1）、第（3）列显示，在每个受调查年度，核心解释变量——年度虚拟变量与受教育年数的交叉项（$t \cdot edu_{it}$）、年度虚拟变量与受教育年数平方交叉项（$t \cdot edu_{it}^2$）的回归系数均不显著。该回归结果说明，自雇型创业个体的受教育年数对其创业收入的影响可能不是线性的，这提示我们去掉模型（7.2）中的年度虚拟变量与受教育年数平方的交叉项（$t \cdot edu_{it}^2$），再考察受教育程度对自雇型创业者创业收入的影响。表7.6的第（2）、第（4）列显示在每个被调查年度，核心解释变量——年度虚拟变量与受教育年数的交叉项（$t \cdot edu_{it}$）的回归系数不显著，这说明，自雇型创业者的受教育年数对其创业收入的影响也是线性的。总之，在各受调查年度中，自雇型创业者的受教育年数对其创业收入既没有线性影响，也没有曲线影响，这说明，自雇型创业者的受教育年数对其创业收入很可能没有显著影响。

表7.6 受教育水平对自雇型创业者创业收入影响的估计

（以"2000年、2004年自雇型创业个体"为样本）

变量	2000年自雇型创业个体		2004年自雇型创业个体	
	（1）	（2）	（3）	（4）
$t00 \cdot edu_{it}$	1523.16 （0.838）	2677.24 （0.710）		
$t00 \cdot edu_{it}^2$	40.72 （0.627）			
$t04 \cdot edu_{it}$	2018.41 （0.785）	2692.08 （0.708）	−3989.55 （0.796）	−5220.86 （0.733）
$t04 \cdot edu_{it}^2$	−3.28 （0.971）		113.50 （0.406）	
$t06 \cdot edu_{it}$	1197.15 （0.871）	3096.37 （0.667）	−4817.12 （0.754）	−4971.26 （0.745）
$t06 \cdot edu_{it}^2$	100.24 （0.268）		205.64 （0.164）	

续表

变 量	2000 年自雇型创业个体		2004 年自雇型创业个体	
	（1）	（2）	（3）	（4）
$t09 \cdot edu_{it}$	1184.44 (0.876)	2908.21 (0.687)	-3134.16 (0.841)	-5137.35 (0.737)
$t09 \cdot edu_{it}^2$	86.86 (0.424)		39.24 (0.802)	
省份	固定效应	固定效应	固定效应	固定效应
年份	固定效应	固定效应	固定效应	固定效应
常数	-53406.7 (0.832)	-78512.49 (0.752)	126377.4 (0.827)	221728.2 (0.699)
F	4.68*** (0.000)	5.98*** (0.000)	2.68*** (0.001)	3.27*** (0.000)
观测值	1176	1176	583	583

注：括号内数值为 p 值，*** 表示 p<0.01，** 表示 p<0.05，* 表示 p<0.1。还控制了工作经验、工作经验平方、户籍、性别、工作单位类型、婚姻变量，限于篇幅，就没有汇报这些变量的回归结果。

7.3 本章小结

以"2000 年自雇型创业个体"为样本，并挑选出在 2004 年、2006 年、2009 年也进行自雇型创业的个体，构成一个非平衡面板数据；以"2004 年自雇型创业个体"为样本，并挑选出在 2006 年、2009 年也进行自雇型创业的个体，构成另一个非平衡面板数据。本章试图通过自雇型创业者的创业收入对其受教育年数的回归，发现受教育年数对自雇型创业者创业收入的影响。实证结果发现，受教育年数对自雇型创业者的创业收入没有显著影响。这很可能是由于以下两个方面的原因：第一，我国的创业 90% 集中于批发、零售、餐饮等低技能的传统服务业;① 第二，我国工商户的平均雇佣人数大约为2人。② 这说明，我国老板型创业的雇佣人数并不多，规模并不大。这两个方面的原因决定了受教育水平的高低对老板型创业者的创业收入没有显著影响。

自雇型创业不存在雇员，所以一般规模都较小；且我国的创业一般都集中在传统的服务业，所以，受教育年数对自雇型创业者的创业收入没有显著影响。

---

① 汪海粟等. 个体工商户的行业分布、生存状态及其或然走向 [M]. 北京：经济科学出版社，2014.
② 赖德胜等. 创业带动就业的效应分析及政策选择 [M]. 北京：人民出版社，2009.

8 结论与启示

8.1 主要研究结论及政策建议

利用 CHNS 数据，本书实证检验了受教育程度对中国居民创业倾向的影响。以 CHNS "1997 年 18～60 岁个体" 为样本，采用这些个体在 2000 年、2004 年、2006 年、2009 年的数据，研究受教育程度对中国居民创业倾向的影响；以 CHNS "2000 年 18～60 岁个体" 为样本，采用这些个体在 2004 年、2006 年、2009 年的数据，研究受教育程度对中国居民创业倾向的影响。在控制了不可观测的能力所带来的内生性问题后，研究结论显示，受教育程度对中国居民创业倾向的影响呈 "倒 U 型" 特征，8 年左右受教育水平个体的创业可能性最大；当个体的受教育年数小于 8 年时，个体受教育年数的增加，创业的可能性增加；当受教育年数超过 8 年时，个体受教育年数的增加，创业的可能性下降。然后，以 CHNS "1997 年 18～60 岁未创业个体" 及 "2000 年 18～60 岁未创业个体" 为样本，对上述结论进行稳健性检验。稳健性检验的实证结果肯定了上述结论。

老板型创业和自雇型创业所体现的创业精神是不一样的。老板型创业指有雇员的创业，自雇型创业指没有雇员的创业。国内仅有阮荣平（2014）根据创业规模的大小，将创业区分为老板型创业和自雇型创业，并分别探讨受教育水平对这两类创业倾向的影响。本书认为，与自雇型创业相比，老板型创业更能代表真正意义上的创业。以 CHNS "1997 年 18～60 岁个体"为样本，采用这些个体在 2000 年、2004 年、2006 年、2009 年的数据，研究受教育程度对中国居民老板型创业倾向的影响；以 CHNS "2000 年 18～60 岁个体"为样本，采用这些个体在 2004 年、2006 年、2009 年的数据，研究受教育程度对中国居民老板型创业倾向的影响。研究发现，受教育程度对中国居民老板型创业倾向的影响呈"倒 U 型"特征，9 年左右受教育水平个体进行老板型创业的可能性最大。当个体的受教育年数小于 9 年时，个体受教育年数的增加，其进行老板型创业的可能性上升；当个体的受教育年数超过 9 年时，个体受教育年数的增加，其进行老板型创业的可能性下降。以 CHNS "1997 年 18～60 岁未进行老板型创业个体"及"2000 年 18～60 岁未进行老板型创业个体"为样本，对上述结论进行稳健性检验。稳健性检验的结论支持了基本回归的结论。

选择 CHNS "1997 年 18～60 岁未进行老板型创业个体"，采用这些个体在 2000 年、2004 年、2006 年、2009 年的数据，研究受教育程度对中国居民自雇型创业倾向的影响；选择 CHNS "2000 年 18～60 岁未进行老板型创业个体"，采用这些个体在 2004 年、2006 年、2009 年的数据，研究受教育程度对中国居民自雇型创业倾向的影响。研究发现，受教育程度对中国居民自雇型创业倾向的影响呈"倒 U 型"特征，9 年左右受教育水平个体进行自雇型创业的可能性最大。当个体的受教育年数小于 9 年时，个体受教育年数的增加，其进行自雇型创业的可能性上升；当个体的受教育年数超过 9 年时，个体受教育年数的增加，其进行自雇型创业的可能性下降。以 CHNS "1997 年 18～60 岁未创业个体"及"2000 年 18～60 岁未创业个体"为样本，对上述结论进行稳健性检验。稳健性检验的结论肯定了基本回归的结论。

本书认为，受教育程度对创业倾向的影响存在地区差异。通过实证研究，本书还认为，由于中国的创业 90% 以上都集中在低技能的传统服务业，且工商户（创业的主要表现形式）的平均雇佣人数仅为 2 人，所以，受教育年数对老板型创业者的创业收入没有显著影响。同样是因为中国的创业 90% 以上都集中在低技能的传统服务业，所以，受教育年数对自雇型创业者的创业收入也没有显著影响。

总之，本书的一个结论是，与其他学历个体相比较，大学及以上学历个体创业的可能性较小。该研究结论与现实情况比较接近。根据谭远发（2010），毕业后最可能选择创业的不足 3%，大多数毕业生的目标是找到一个收入较高，相对稳定的工作，而创业往往是无奈之举。因此，对于大学生群体来说，如果没有特别合适的创业机会，可以先在大学中努力学习经济管理方面的知识，培养创新精神，然后到相关的行业就职。一份工作能带给职场新人的不仅仅是一份薪水，更多的是一个职场平台，在这个平台中可以积累经验、技能以及发展个人社会网络。而且行业内还蕴含着诸多改善产品与服务的机会，这些都可以转化为潜在的创业项目。同时，目前，信息技术、互联网技术方兴未艾，这些技术正在以前所未有的速度对传统产业进行改造。大学生应该大力掌握最新的信息技术，并在创业过程中，应用信息技术，从而增加创业的收益。另外，和初、高中学历个体的创业活动相比较，大学生应该在自己具有比较优势的领域或行业中进行创业。第 7 章的结论表明，大学生群体与其他学历群体在传统行业内进行创业所获得的创业收入没有显著差异，大学生群体在传统行业内进行创业并不具有比较优势，相反，大学生群体在高端技术型领域具有比较优势。因此，大学生群体应定位于在科技含量高的领域内创业，并通过知识创新和产业升级来促使经济增长。

从国家的层面来说，政府或相关机构应该鼓励大学生群体在高端技术型行业中创业。国家对不同受教育群体的创业支持政策不能一概而论，而应该根据不同学历个体的比较优势，对不同学历群体实行不同的鼓励创业的政策。相对于初、高中学历群体，大学生群体在知识创新、先进技术的掌握方面具有比较优势，在科技含量高的领域中创业会比在传统产业中创业得到更多的创业收益，大学生群体创业的潜在收益才很可能高于其创业的机会成本，他们创业的可能性才更大。因此国家应该支持大学生群体在科技含量高的领域中创业。另外，为了提高大学生在科技含量高的领域中的创业收益，政府应将大学的许多课程设置从原来的"偏理论研究"转变为"偏实践和应用"，让大学的课程设置更多与创业相关；或者将一部分理论研究型大学转型为职业技术型大学，让大学生掌握更多的对创业有益的实用知识。

8.2 研究不足与未来主要研究方向

本书将创业区分为老板型创业与自雇型创业，分别研究了受教育程度对这两类创业倾向的影响。但是，近年来，GEM 的机会型创业和生存型创业分类在创业研究中逐渐居于主流地位，并不断被引用和扩展（谭远发，2011）。GEM（2001）报告首次明确区分了机会型创业和生存型创业。所谓机会型创业是指那些为了追求商业机会而从事的创业活动，而生存型创业是那些别无选择或对当前就业状况不满意而从事的创业活动。近年来，GEM 的机会型和生存型创业分类在创业研究中逐渐居于主流地位，不断引用和扩展。囿于 CHNS 数据的限制，本书没有将创业区分为机会型创业与生存型创业，并分别考察受教育程度对这两类创业倾向的影响，这是本书的一个主要研究不足。

另外，本书选择的样本，基本上在 2000 年之前就已经获得了最终学历，所以，本书研究的受教育水平对创业倾向的影响实质上针对的是 2000 年以前就已毕业的个体。2000 年至今，我国的高等教育蓬勃发展，个人的受教育水平普遍得到大幅度的提升。那么，本书得到的受教育水平对创业倾向的"倒 U 型"影响这一结论对于 2000 年以后毕业的个体是否适合，这还需要进一步的探讨，或者即使对于 2000 年以后毕业的个体，受教育水平对创业倾向的影响仍然呈"倒 U 型"特征，那么，初中学历个体是否仍具有最大的创业可能性，这也需要进一步探讨。如有研究显示，2004~2006 年，我国的创业人员中，大专以上人员达 312.84 万人，占全部创业人员的比重达 7.9%；高中及中专学历的创业人员达 1799.06 万人，占全部创业人员的比重达 45.43%[①]。本书的研

---

① 课题组. 中国非公有制经济的发展前沿问题研究（2004~2006）[M]. 北京：中国金融出版社，2007.

究结论很可能不完全符合 2000 年以后获得最终学历个体的创业情况，这是本书的另一个研究不足。

因此，将创业区分为机会性创业与生存型创业，分别考察受教育程度对两者的影响，是未来的一个主要研究方向。同时，以 2000 年以后毕业的个体为样本，研究受教育水平对创业倾向的影响，这是本书的另外一个研究方向。

参考文献

［1］Ahn, T. Attitudes toward risk and self－employment of young workers ［J］. Labour Economics, 2010（17）: 434-442.

［2］Andersson, L., Hammarstedt, M. Intergenerational transmissions in immigrant self-employment: Evidence from three generations ［J］. Small Business Economics, 2010（34）: 261-276.

［3］Anh, T. Empirical studies of self-employment ［J］. Journal of Economics Surveys, 1999, 13（4）: 7-14.

［4］Arum, R., Walter, M. The reemergence of self-employment: A comparative study of self-employment dynamics and social inequality ［M］. Princeton and Oxford: Princeton University Press, 2004.

［5］Åstebro, T., Chen, J. The entrepreneurial earnings puzzle: Mismeasurement or real? ［J］. Journal of Business Venturing, Forthcoming, 2014（1）: 7-14.

［6］Baptista, R., Escária, V., Madruga, P. Entrepreneurship, regional development and job creation: The case of Portugal ［J］. Small Business Economics, 2008, 30（1）: 49-58.

［7］Bjuggren, C., Johansson, D., Stenkula, M. Using self-employment as a proxy for entrepreneurship: Some empirical caveats ［D］. IFN working paper, 2010: 845.

［8］Bates, T. Self-employment entry across industry groups ［J］. Journal of Business Venturing, 1995（10）: 143-156.

［9］Bates, T. Financing small business creation: The case of Chinese and Ko-

rean immigrant entrepreneurs [J]. Journal of Business Venturing, 1997 (12):
109-124.

[10] Becker, G. A treatise on the family [M]. Harvard University Press,
1991.

[11] Bell, B. Educational mismatch and entry into entrepreneurship [A].
Paper presented at the 35th DRUID Celebration Conference, Barcelona, 2013 (6):
17-19.

[12] Blanchard, L., Zhao, B., Yinger, J. Do lenders discriminate against
minority and woman entrepreneurs? [J]. Journal of Urban Economics, 2008 (63):
467-497.

[13] Blanchflower, D. Self-employment in OECD countries [J]. Labour Economics, 2000 (7): 471-505.

[14] Blanchflower, D., Levine, P., Zimmerman, D. Discrimination in the
small-business credit market [J]. Review of Economics and Statistics, 2003
(85): 930-943.

[15] Borjas, G. The self-employment experience of immigrants [J]. Journal
of Human Resources, 1986 (21): 487-506.

[16] Borjas, G., Bronars, S. Consumer discrimination and self-employment
[J]. Journal of Political Economy, 1989 (97): 581-605.

[17] Bosma, N., Harding, R. Global entrepreneurship [R]. GEM 2006
summary results. Babson College & London Business School, 2007.

[18] Boyd, N., Vozikis, G. The influence of self-efficacy on the development
of entrepreneurial intentions and actions [J]. Entrepreneurship Theory and Practice, 1994 (18): 63.

[19] Brown, S., Farrel, L., Sessions, J. Self-employment matching: An
analysis of dual earner couples and working households [J]. Small Business Economics, 2006 (26): 155-172.

[20] Brown, S., Farrell, L., Harris, M. Modeling the incidence of self-employment: Individual and employment type heterogeneity [J]. Contemporary Eco-

nomic Policy, 2011 (29): 605-619.

[21] Budig, M. Intersections on the road to self-employment: Gender, family and occupational class [J]. Social Forces, 2006 (84): 2223-2239.

[22] Burke, A., Fitzroy, F., Nolan, M. When less is more: Distinguishing between entrepreneurial choice and performance [J]. Oxford Bulletin of Economics and Statistics, 2000 (62): 565-587.

[23] Burt, R. The network structure of social capital [M]. Research in Organizational Behavior, CT, JAI Press, 2000.

[24] Calvo, G., Wellisz, S. Technology, entrepreneurs and firm size [J]. Quarterly Journal of Economics, 1980 (95): 663-677.

[25] Campbell, K. Gender differences in job-related networks [J]. Work and Occupations, 1988 (15): 179-200.

[26] Chen, C., Greene, P., Crick, A. Does entrepreneurial self-efficacy distinguish entrepreneurs from managers? [J]. Journal of Business Venturing, 1998 (13): 295-316.

[27] Clark, K., Drinkwater, S. Pushed out or pulled in? Self-employment among ethnic minorities in England and Wales [J]. Labour Economics, 2000 (7): 603-628.

[28] Constant, A., Zimmermann, K. The making of entrepreneurs in Germany: Are immigrants and natives alike? [J]. Small Business Economics, 2006 (26): 279-300.

[29] Cowling, M. Are entrepreneurs different across countries? [J]. Applied Economics Letters, 2000 (7): 785-789.

[30] Croson, R., Gneezy, U. Gender differences in preferences [J]. Journal of Economic Literature, 2009 (47): 448-474.

[31] Cui Y., Nahm D., Tani M. Self-employment in China: Are rural migrant workers and urban residents alike? [R]. Discussion Paper Series, Forschungsinstitut zur Zukunft der Arbeit, 2013.

[32] Dawson C., Henley A., Latreille P L. Why do individuals choose self-

employment? [Z]. IZA Discussion Papers, 2009.

[33] Dawson, C., Henley, A., Latreille, P. Individual motives for choosing self-employment in the UK: Does region matter? Regional Studies, forthcoming [R]. 2013.

[34] De Wit, G. Determinants of self-employment [R]. 1993.

[35] Disney, R., Gathergood, J. Housing wealth, liquidity constraints and self-employment [J]. Labour Economics, 2009 (16): 79-88.

[36] Djankov, S., Miguel, E., Qian, Y., Roland, G., Zhuravskaya, E. Who are Russia's entrepreneurs? [J]. Journal of the European Economic Association, 2005 (3): 587-597.

[37] Dohmen, T., Falk, A., Huffman, D., Sunde, U. The intergenerational transmission of risk and trust attitudes [J]. The Review of Economic Studies, 2012 (79): 645-677.

[38] Douglas, E., Shepherd, D. Self-employment as a career choice: Attitudes, entrepreneurial intentions, and utility maximization [J]. Entrepreneurship Theory and Practice, 2002 (26): 81-90.

[39] Drennan, J., Kennedy, J., Renfrow, P. Impact of childhood experiences on the development of entrepreneurial intentions [J]. International Journal of Entrepreneurship and Innovation, 2005 (6): 231-238.

[40] Edwards, L., Field-Hendrey, E. Home-based work and women's labor force decisions [J]. Journal of Labor Economics, 2002 (20): 170-200.

[41] Evans, D., Jovanovic, B. An estimated model of entrepreneurial choice under liquidity constraints [J]. Journal of Political Economy, 1989 (97): 808-827.

[42] Fafchamps, M., Quisumbing A. Social roles, human capital, and the intrahousehold division of labor: Evidence from Pakistan [D]. Oxford Economic Papers, 2003, 55 (1): 36-80.

[43] Fairchild, G. Residential segregation influences on the likelihood of ethnic self-employment [J]. Entrepreneurship Theory and Practice, 2009 (33): 373-395.

［44］ Fairlie, R. The absence of the African-American owned business: An analysis of the dynamics of self-employment ［J］. Journal of Labor Economics, 1999 (17): 80-108.

［45］ Gagnon, J. , T. Xenogiani C. Are all migrants really worse off in urban labor markets: New empirical evidence from China ［J］. OECD Development Centre Working Paper, 2009: 278.

［46］ Gerber, Theodore P. Paths to success: Individual and regional determinants of self-employment entry in post-communist Russia ［J］. International Journal of Sociology, 2001 (31): 3-37.

［47］ Gill, A. Choice of employment status and the wages of employees and the self-employed some further evidence ［J］. Journal of Applied Econometrics, 1988 (3): 229-234.

［48］ Giulietti, C. , Ning, G. , Zimmermann F. Self-employment of rural-to-urban migrants in China ［J］. International Journal of Manpower, 2012, 33 (1): 96-117.

［49］ Hamilton, H. Does entrepreneurship pay? An empirical analysis of the returns to self-employment ［J］. Journal of Political Economy, 2000, 108 (3): 604-631.

［50］ Henley, A. Job creation by the self-employed: The roles of entrepreneurial and financial capital ［J］. Small Business Economics, 2005 (25): 175-196.

［51］ Hills S. Opportunity recognition: Perception and behaviours of entrepreneurs—Frontiers of Entrepreneurship Research ［R］. Wellesley MA, Babson College, 1997.

［52］ Hipple, S. Self-employment in the United States ［J］. Monthly Labor Review, 2010, 133 (9): 17-32.

［53］ Hundley, G. Family background and the propensity for self-employment ［J］. Industrial Relations, 2006 (45): 377-392.

［54］ Joona, P. , Wadensjö, E. The best and the brightest or the least successful? Self-employment entry among male wage-earners in Sweden ［J］. Small Business Economics, 2013 (40): 155-172.

[55] Kangasharju, A., Pekkala, S. The role of education in self-employment success in Finland [J]. Growth and Change, 2002, 33 (2): 216-237.

[56] Kidd, M. Immigrant wage differentials and the role of self-employment in Australia [J]. Australian Economics Papers, 1993 (32): 92-115.

[57] Koellinger, P., Minniti, M., Schade, C. Gender differences in entrepreneurial propensity [J]. Oxford Bulletin of Economics and Statistics, 2013 (75): 213-234.

[58] Larson, A. Network dyads in entrepreneurial settings: A study of the governance of exchange relationships [J]. Administrative Science Quarterly, 1992 (37): 76-104.

[59] Lin, N. Social capital: A theory of social structure and action [M]. Cambridge University Press, 2001.

[60] Lofstrom, M., Bates, T. African Americans' pursuit of self-employment [J]. Small Business Economics, 2013 (40): 73-86.

[61] Lu, J., Tao, Z. Determinants of entrepreneurial activities in China [J]. Journal of Business Venturing, 2010 (25): 261-273.

[62] Luber, S., Lohmann, W., Barbieri. P. Male Self-Employment in Four European Countries [J]. International Journal of Sociology, 2000 (30): 5-44.

[63] Lucas, R. On the size distribution of business firms [J]. Bell Journal of Economics, 1978 (9): 508-523.

[64] Lundberg, S., Pollak, R. Cohabitation and the uneven retreat from marriage in the US, 1950-2010. In L. Boustan, C. Frydman, and R. Margo (eds.) Human Capital and History: The American Record (forthcoming) [M]. Chicago: University of Chicago Press, 2013.

[65] Mandelman, F., Montes-Rojas, G. Is self-employment and micro-entrepreneurship a desired outcome? [J]. World Development, 2009 (37): 1914-1925.

[66] Meager, N. Self-employment in the United Kingdom and Germany [M]. London: Anglo-German foundation for the study of industrial society, 2000.

［67］Meng, X. The informal sector and rural–urban migration – a Chinese case study ［J］. Asian Economic Journal, 2001 （15）: 71–89.

［68］Mohapatra, S. , Rozelle, S. , Goodhue, R. The rise of self–employment in rural China: Development or distress? ［J］. World Development, 2007 （35）: 163–181.

［69］Muller, W. , Arum, R. Self–employed dynamics in advanced economies ［R］. 2004.

［70］OECD. OECD Factbook 2013: Economic, environmental and social statistics ［M］. Paris: OECD Publishing, 2013.

［71］Ohyama, A. Entrepreneurship and advanced technical knowledge ［R］. Research paper, Institute for Genomic Biology （Business, Economics & Law）, University of Illinois at Urbana–Champaign, Champaign, 2008.

［72］Özcan, B. Only the lonely? The influence of the spouse on the transition to self–employment ［J］. Small Business Economics, 2011 （37）: 465–492.

［73］Pagán, R. Self–employment among people with disabilities: Evidence for Europe ［J］. Disability and Society, 2009 （24）: 217–229.

［74］Parker, S. Entrepreneurship among married couples in the United States: A simultaneous probit approach ［J］. Labour Economics, 2008 （15）: 459–481.

［75］Pisani, M. , Pagán, J. Self–employment in the era of the new economic model in Latin America: A case study from Nicaragua ［J］. Entrepreneurship & Regional Development, 2004 （16）: 335–350.

［76］Poschke, M. Who becomes an entrepreneur? Labor market prospects and occupational choice ［J］. Journal of Economic Dynamics & Control, 2013 （37）: 693–710.

［77］Qian Forrest Zhang, Zi Pan. Women's Entry into Self–employment in Urban China: The role of family in creating gendered mobility patterns ［J］. World Development, 2012, 40 （6）: 1201–1212.

［78］Rees, H. , Shah, A. An empirical analysis of self–employment in the UK ［J］. Journal of Applied Econometrics, 1986 （1）: 95–108.

[79] Schjerning, B. , Le Maire, D. Earnings, uncertainty, and the self-employment choice [R]. Center for Economics and Business Research Discussion Paper, 2007.

[80] Schultz, T. Investment in entrepreneurial ability [J]. Scandinavian Journal of Economics, 1980, 82 (4): 437-448.

[81] Shane, S. , Venkataraman, S. The promise of entrepreneurship as a field of research [J]. Academy of Management Review, 2000, 25 (1): 217-226.

[82] Shavit, Y. , Yuchtman-Yarr E. Ethnicity, education and other determinants of self-employment in Israel [J]. International Journal of Sociology, 2001 (30): 59-90.

[83] Shepherd, D. A. , DeTienne, D. R. Prior knowledge, potential financial reward, and opportunity identification [J]. Entrepreneurship Theory and Practice January, 2005 (1): 95-112.

[84] Simoes N, Moreira B. , Crespo N. Individual determinants of self-employment entry: What do we really know? [R]. 2013.

[85] Storey, J. Understanding the small business sector [M]. London: International Thomson Business Press, 1994.

[86] Taylor, M. Self-employment and windfall gains in Britain: Evidence from panel data [J]. Economica, 2001 (68): 539-565.

[87] Unger, M. , Rauch, A. , Frese, M. Human capital and entrepreneurial success: A meta-analytical review [J]. Journal of Business Venturing, 2011, 26 (3): 341-358.

[88] Van der Sluis, J. , Van Praag, M. , Vijverberg, W. Education and entrepreneurship selection and performance: A review of the empirical literature [J]. Journal of Economic Surveys, 2008 (22): 795-841.

[89] Van Praag, C. , Van Ophem, H. Determinants of willingness and opportunity to start as an entrepreneur [J]. Kyklos, 1995 (48): 513-540.

[90] Wang, C. , Wong, P. Entrepreneurial interest of university students in Singapore [J]. Technovation, 2004 (24): 163-172.

［91］Wang, J. Self-employment in urban China：The interplay of gender, capitalism and labor market ［D］. Yale University, 2007.

［92］Wang, Y. Credit constraints, job mobility, and entrepreneurship：Evidence from a property reform in China ［J］. Review of Economics and Statistics, 2012, 94 （2）：532-551.

［93］Wu, X. Embracing the market：Entry into self-employment in transitional China, 1978-1996 ［J］. William Davidson Working, 2002 （512）：1-44.

［94］Yueh L. China's entrepreneurs ［J］. World Development, 2009, 37 （4）：778-786.

［95］Zissimopoulos, J., Karoly, L. Transitions to self-employment at older ages：The role of wealth, health, health insurance, and other factors ［J］. Labour Economics, 2007 （14）：269-295.

［96］解垩. 中国非农自雇活动的转换进入分析 ［J］. 经济研究, 2012 （2）.

［97］张卓元. 十八大后经济改革与转型 ［J］. 中国人民大学出版社, 2014.

［98］阮荣平. 信仰的力量：宗教有利于创业吗？［J］. 经济研究, 2014 （3）.

［99］邢春冰. 不同所有制企业的工资决定机制考察 ［J］. 经济研究, 2005 （6）.

［100］修晶. 国外促进中国创业的措施及对中国的启示 ［J］. 青年探索, 2006 （3）.

［101］周京奎, 黄征学. 住房制度改革、流动性约束与"下海"创业选择 ［J］. 经济研究, 2014 （3）.

［102］朱明芬. 农民创业行为影响因素分析——以浙江杭州为例 ［J］. 中国农村经济, 2010 （3）.

［103］吴要武, 赵泉. 高校扩招与大学毕业生就业 ［J］. 经济研究, 2010 （9）.

［104］邢春冰, 李实. 扩招"大跃进"、教育机会与大学毕业生就业

[J]. 经济学（季刊），2011（7）.

[105] 赖德胜，李长安. 创业带动就业的效应分析及政策选择 [J]. 经济学动态，2009（2）.

[106] 汪海粟，姜玉勇. 个体工商户的行业分布、生存状态及其或然走向 [J]. 改革，2014（4）.

[107] 石丹淅. 自我雇佣问题研究进展 [J]. 经济学动态，2013（10）.

[108] 董志强，魏下海，张天华. 创业与失业：创业效应与企业家效应的实证检验 [J]. 经济评论，2012（3）.

[109] 卢亮，邓汉慧. 创业促进就业吗？——来自中国的证据（2014）[J]. 经济管理，2014（3）.

[110] 谭远发，邱成绪. 中国创业十年变迁及其政策研究——基于全球创业观测视野 [J]. 中国劳动，2013（10）.

[111] 郝朝艳，平新乔，张海燕，梁爽. 农户的创业选择及其影响因素——来自"农村金融调查"的证据 [J]. 中国农村经济，2012（4）.

[112] 胡凤霞. 农民工自雇佣就业选择研究 [J]. 宁夏社会科学，2014（3）.

[113] 石智雷. 返乡农民工创业行为与创业意愿分析 [J]. 中国农村观察，2010（9）.

[114] 吴晓刚. "下海"：中国城乡劳动力市场转型中的自雇活动与社会分层（1978~1996）[J]. 社会学研究，2006（11）.

[115] 黄志岭. 城乡户籍自我雇佣差异及原因分析 [J]. 世界经济文汇，2012（12）.

[116] 黄志岭. 人力资本、收入差距与农民工自我雇佣行为 [J]. 农业经济问题，2014（6）.

[117] 宁光杰. 自我雇佣还是成为工资获得者？——中国农村外出劳动力的就业选择和收入差异 [J]. 管理世界，2012（7）.

[118] 刘俊杰，张龙耀，陈畅. 西部家庭创业的城乡差异及影响因素——以甘肃省为例 [J]. 华中农业大学学报（社会科学版），2014（11）.

[119] 吴晓瑜，王敏，李力行. 中国的高房价是否阻碍了创业？[J]. 经

济研究，2014（9）．

[120] 傅娟．自主创业还是进入体制？——体制外个体劳动者和财政供养人员收入差异的实证分析［J］．上海经济研究，2014（6）．

[121] 刘瑶．我国居民工资的所有制差异研究［J］．数量经济技术经济研究，2012（11）．

[122] 辜胜阻，武兢等．扶持农民工以创业带动就业的对策研究［J］．中国人口科学，2009（6）．

[123] 付宏．中国创业企业的战略选择：差异化还是低成本战略［J］．技术经济与管理研究，2009（4）．